Von A wie «Allein ist nicht einsam» bis Z wie «Zeit für Zärtlichkeiten» gibt Helge Timmerberg seine Einsichten aus dem Singledasein zum Besten. Dabei erzählt er ungehemmt aus seinem persönlichen Erfahrungsschatz, bringt Allgemeingültigkeiten für jede Situation prägnant auf den Punkt und gibt hilfreiche Tipps fürs Alleinleben.

Helge Timmerberg, geboren 1952, trampte mit siebzehn zum ersten Mal nach Indien und entschloss sich im Himalaya, Journalist zu werden. Seitdem schreibt er Reise- und Abenteuerreportagen, u.a. für «Stern», «Die Zeit» und das «SZ-Magazin». Bei Rowohlt erschienen auch seine Bücher «Shiva Moon. Eine Reise durch Indien» und «Das Haus der sprechenden Tiere».

Helge Timmerberg

TIMMERBERGS SINGLE-ABC

Rowohlt Taschenbuch Verlag

Veröffentlicht im Rowohlt Taschenbuch Verlag, Reinbek bei Hamburg,
Oktober 2009
Umschlaggestaltung ZERO Werbeagentur, München, nach dem Umschlagentwurf von Cornelia Niere, München Satz aus der
Plantin PostScript, InDesign, bei Pinkuin Satz und Datentechnik, Berlin
Buchgestaltung Anja Sicka, Hamburg Druck und Bindung
CPI – Clausen & Bosse, Leck Printed in Germany ISBN 978 3 499 62498 8

«Aber Onanie bei Liebeskummer
ist in etwa so unterhaltsam wie
Kamillentee auf Heroinentzug.»

A

– wie Allein ist nicht einsam

A – wie Allein ist nicht einsam
A – wie Allein ist nicht einsam
A – wie Allein ist nicht einsam
A – wie Allein ist nicht einsam
A – wie Allein ist nicht einsam
A – wie Allein ist nicht einsam
A – wie Allein ist nicht einsam
A – wie Allein ist nicht einsam
A – wie Allein ist nicht einsam

Es ist ein wunderschöner Tag. Ich fahre mit dem Rad durch den Park, aber eigentlich fahre ich durch das Paradies. Die Menschen haben sich wie Blumen angezogen, und die Sonne scheint einem Goldschmied zu gehören. Auf den Bänken sitzen junge Mütter mit langen offenen Haaren vor ihren Kinderwagen, Männer werfen Kugeln durch den Schatten, so wie sie es in Südfrankreich machen, Hunde, vollgepumpt mit Liebe, rasen im Kreis, um nicht vor Glück zu platzen. Mädchen lachen.

Dazu die Farbe Grün, ich kann mich nicht satt daran sehen, ich trinke sie mit den Augen wie Medizin. Grün ist antidepressiv. Gott, ist das schön, denke ich, und wie schön wäre es, jetzt zu zweit durch den Park zu fahren. Wer so denkt, ist nicht einsam. Wer so denkt, ist allein. Das ist durchaus ein Unterschied. Der Einsame fährt auch durch den Park, ein bisschen später vielleicht, weil er zu Haus mit Zweifeln rang? Wohin soll er fahren, zu wem? Er kennt doch niemanden in dieser Stadt. Macht es Sinn, ziellos zu fahren oder immer im Kreis? Er hat ein bisschen länger nachgedacht, und das brachte ihn ein bisschen später aufs Rad, ansonsten scheint bei ihm alles dasselbe zu sein wie bei Mr. Allein. Er sieht dasselbe, hört dasselbe, riecht dasselbe, aber was er fühlt, ist nicht dasselbe. Das Glück der Paare schmerzt ihn, das Lachen der Kinder beschämt ihn, und der Anblick türkischer Großfamilien, die wie Karawanen auf den Wiesen lagern, stürzt ihn noch tiefer in die Isolation. Er ist so weit entfernt davon. Er ist 2000 lightyears away from home, um es mal mit Mick Jagger zu sagen. Er ist ein Rolling Stone, ein Stein, der irgendwo hinunterrollt, um irgendwo liegen zu bleiben. Er hat schon lange nicht mehr geküsst. Er hat schon ewig keine Geborgenheit erfahren. Und wenn er sich nun ebenfalls wünscht, zu zweit durch den Park zu fahren, dann wünscht er sich das nicht, um das Glück zu teilen. Bei ihm steht die Teilung von Unglück zur Disposition. Mr. Einsam ist kein freiwilliger Single. Wie Mr. Allein. Und das Komische daran: Beide wohnen bei mir. Und teilen sich ein Rad.

B

– wie Braver Single

B

– wie Braver Single

B

– wie Braver Single

B

– wie Braver Single

B

– wie Braver Single

B

– wie Braver Single

B

– wie Braver Single

B

– wie Braver Single

B

– wie Braver Single

B

– wie Braver Single

B

– wie Braver Single

Ich hänge Hemden auf Bügel. Ich hänge T-Shirts auf Bügel. Ich falte Hosen und hänge sie ebenfalls auf. Und die Bügel habe ich selbst gekauft. Es macht mir Freude, der zu sein, der ich niemals sein wollte, mehr noch, Friede breitet sich aus. Ordnung ist Harmonie, und Harmonie ist Schönheit, und die ist ein immer gerngesehener Gast, sie kann auch gern für länger bleiben. Ich habe nicht immer so gedacht. In Freundeskreisen genieße ich eine gewisse Berühmtheit für das genau gegenteilige Verhalten. Sie haben es mir noch nie ins Gesicht gesagt, ich habe es über Umwege erfahren. Wer immer mit mir zusammenlebte, sei es zu Hause oder auf Reisen, bezeichnet mich als Schwein. Lustig, aber Schwein. Da ist wohl etwas in der Erziehung nicht optimal gelaufen, was soll man machen, außerdem hat er Qualitäten, die balancieren sein kleinkindhaftes – oder sollte man sagen kleintierhaftes – Verhalten wieder aus. Und wenn die Leute, die so sprachen, mich heute besuchen, fühlen sie sich verarscht. Ich kann es ihnen auch nicht erklären, ich wundere mich ja selbst. Am Kleiderständer, in der Küche, sogar in Bad und Toilette bin ich ein anderer Mensch. Ich pinkle nicht mehr im Stehen, wenn ich Single bin. No woman, no cry. Keine Frau, kein Kampf. Wenn niemand da ist, der mich domestizieren will, bin ich plötzlich stubenrein. Dasselbe gilt für Exzesse. Alle wilden Träume vom Alleinsein wurden in eine Kiste mit der Aufschrift «Möglichkeiten» verpackt. Ich weiß gar nicht, was mich mehr anmacht. Die Freiheit, mir jederzeit die Kante zu geben? Oder die Freiheit, es zu lassen? Ich versuche, es buddhistisch anzupacken. Der Weg der Mitte. Bier ja, Wein nein. Weil Wein allein traurig macht. Bier dagegen macht nur satt. Jeden Abend, wenn ich mit der Arbeit fertig bin, nehme ich mir eine Flasche Bier und meditier. Aus dem Fenster hinaus oder auf eines der Filmplakate in meinem Arbeitsraum. Links von mir hängt Tom Cruise als Samurai, hinter mir ist Klaus Kinski, und sehe ich nach vorn, lädt mich die Raufasertapete zu Exkursionen durch das WEISS. Man sagt, dass im Weiß alle Farben enthalten sind, alle Gedanken, alle Träume, alle Wege. Im Spiegel siehst du dein Gesicht, in der Raufasertapete siehst du deine Seele, und bevor die Sache peinlich wird, schläft man ein. Braver Single. Gebranntes Kind. Als ich das letzte Mal böse war, fand ich am nächsten Morgen meine Unterwäsche VOR der Wohnungstür. Ich will sie nicht irgendwann auf der Straße finden oder den Taxifahrer fragen, ob ich mich schon während der Heimfahrt ausgezogen habe. Den Kopf verlieren solltest du nur, wenn einer da ist, der ihn dir hinterherträgt. Dasselbe gilt für verlorene Wäsche. Allein muss man vorsichtig sein.

C

– wie Carte blanche

C
– wie Carte blanche
C
– wie Carte blanche
C
– wie Carte blanche
C
– wie Carte blanche
C
– wie Carte blanche
C
– wie Carte blanche
C
– wie Carte blanche
C
– wie Carte blanche
C
– wie Carte blanche

Ich kann so lange arbeiten, wie ich will. Ich kann ewig aus dem Fenster schauen. Ich kann morgen nach Istanbul ziehen, wenn es der Beruf verlangt. In einer Zeit, die Flexibilität verlangt, habe ich die besten Karten. Ich schweige, wenn ich schweigen will, ich gehe einfach nur so durch die Straßen. Ich bin, wie ich bin. Und immer war. Als Spross berufstätiger Eltern wuchs ich bis zu meinem siebten Lebensjahr bei meinen Großeltern auf, ab dann verlief meine Kindheit mehr oder weniger allein. Ich fand das nicht schlimm. Ich fand das klasse. Ich schwänzte die Schule, um Eichhörnchen zu füttern, ich stellte im Wohnzimmer Schlachten zwischen Römern und Germanen nach, ich schoss mit einer Erbsenpistole durch das Fenster auf Hunde und Passanten. Ich hatte unbeschränkte Vollmachten, und wer schon als Kind die Carte blanche gezogen und als Geschenk empfunden hat, akzeptiert später kein anderes Blatt mehr. Es sei denn, man ist der unbegrenzten Möglichkeiten müde, es sei denn, man hat genug gesehen. Dann setzt man neue Prämissen. Liebe ist eine Prämisse, Geld auch, ebenso Friede, Ruhm und Sicherheit. Aber was zählt das gegen die Freiheit? Mir ist es immer nur um Freiheit gegangen. Trotzdem: Es bleiben Fragen. Zum Beispiel die, ob es Freiheit überhaupt gibt. Ich kenne eigentlich alle griechischen Göttinnen bei Namen. Die Göttin der Weisheit (Athene), die Göttin der Schönheit (Aphrodite), die Göttin der Zwietracht (Eris), aber die Göttin der Freiheit kenne ich nicht. Habe ich nicht aufgepasst? Oder existiert sie nicht? Dann hätte ich umsonst alle diese Opfer dargebracht. All diese Arbeit, dieses Kämpfen, dieses Verlassen. Lebenslange Plackerei für nichts? Freiheit von der Freiheit fällt mir dazu ein. In den Knast, um endlich Ruhe zu haben. Aber wahrscheinlich habe ich nur ihren Namen vergessen. Es kann einfach nicht sein, dass es im Olymp keine Göttin der Freiheit von Verabredungen und Beziehungsriten gibt. Und wenn es doch so ist, müssen wir eine erschaffen. Wir brauchen eine Madonna der Singles. Eine Schutzheilige der unbegrenzten Vollmachten. Eine Gebietsvertreterin der Carte blanche. Um was zu machen? Ich sag's mal so: Ich träumte vor Jahren von einem sehr schnellen, schönen Auto. Im Traum sah ich mich darin jedes Wochenende nach Amsterdam fahren. Ich wachte aus dem Traum erst wieder auf, nachdem ich das Auto gekauft hatte und nur noch im Stau stand. Analog dazu sehe ich mich mit der Freiheit des Singles meistens auch nur den Abwasch machen.

D

– wie Date

D – wie Date
D – wie Date
D – wie Date
D – wie Date
D – wie Date
D – wie Date
D – wie Date
D – wie Date
D – wie Date

Gerhard rief an. Wir redeten ein bisschen. Mir fiel auf, dass seine Stimme dynamischer war als sonst, ebenso die Verwegenheit seiner Pointen. Und sein Lachen war fast unheimlich. Verwechselte er mich mit jemandem? Ich fragte ihn, ob er auf ein Bier vorbeikommen wolle. O.k., sagte er, ich schau mal kurz rein. So für fünf Minuten. Na gut, sagen wir zehn. «Was ist denn da los?», dachte ich. Als Gerhard dann in der Tür stand, stellte ich fest, dass er auch optisch etwas anders unterwegs war als sonst. Akkurater. Bei ihm ist immer alles sehr akkurat, gebügelt und auf Draht, aber das hier war akkurat bis in die Poren. Rasierwasser, Achsel-Deo, mehrere Tropfen Männerparfüm, plus ein eigenartiges Strahlen, ein Licht, das von unten kam, und als er im Sofa Platz genommen hatte, sah ich, dass es seine Schuhe waren. Seine Schuhe strahlten. Ich möchte fast sagen, außerirdisch. «Du hast ein Date», sagte ich. Er nickte. Leider sei er nicht mehr ganz in Übung. Womit? Mit den Vorbereitungen. Sie hatten sich gestern verabredet, das heißt, er hatte 24 Stunden, um alles richtig zu machen. Er ist früh zu Bett gegangen, er hat den Tag mit einer Meditation begonnen, dann hat er Kung Fu trainiert, Streckübungen, Dehnen, auch kleine Spaziergänge um den Block. «Ich habe alles getan, um mich zu entspannen», sagte Gerhard, «und jetzt bin ich total unentspannt.» Ich bot ihm ein Bier an, aber er lehnte ab, weil man vor dem Date nicht trinken soll. «Aha», sagte ich. Ich ging in die Küche, um das Bier zu holen, und dachte nach.

Man darf vor dem Date nicht trinken. Man darf vor dem Date keinen Knoblauch essen. Man darf vor dem Date nicht onanieren. Was noch? Als ich zurückkam, wusste ich es. «Sag mal, Gerhard, hast du mich eben nur angerufen, um an mir zu üben?» Er bejahte das. Seitdem weiß ich, was Frauen zu hören bekommen, wenn wer Sex mit einer Unbekannten will. Und so geht's natürlich auch nicht. Die Schlange Ka im Tonfall von Sinatra. Ich grinste und trank mein Bier und genoss Gerhards Neid. Ich hatte kein Date. Als er ging, gab ich ihm noch den guten Rat, auf der Straße seine Schuhe ein bisschen zu beschmutzen. Gerhard verstand sofort. «Du hast recht», sagte er. «Sie sind zu devot gewienert. Aber wie viel?» – «Wie viel was?» – «Wie viel beschmutzen?! Wie viel ist lässig, und wie viel ist nachlässig?» Ehrlich gesagt, ich wusste es auch nicht.

E – wie Ehrlich

E – wie Ehrlich

E – wie Ehrlich

E – wie Ehrlich

E – wie Ehrlich

E – wie Ehrlich

E – wie Ehrlich

E – wie Ehrlich

E – wie Ehrlich

E – wie Ehrlich

In Japan sieht man das so: Jeder Mensch hat drei Gesichter. Eines für die Öffentlichkeit, eines für den Partner, und dann hat man noch eines, das man am besten nur sich selber zeigt. Gesicht 1 und 2 haben im Wesentlichen mit Lügen und Halbwahrheiten zu tun. Das geht leider nicht anders. Aber man kann es anders nennen. Im Dschungel unserer beruflichen Ambitionen ist pokern das richtige Wort für lügen, in der Liebe nennt man es Beziehungsmanagement. Also lügen für einen guten Zweck. In der Politik heißt die Lüge Diplomatie, und das Ende der Lügen heißt Krieg, und obwohl es so viele gute Gründe gibt, zu lügen und zu betrügen und zu verschweigen und die Wahrheit zu biegen: Wirklich entspannen kann ich mich dabei nicht. Lügen verlangt Kreativität, und Kreativität verbrennt Energien. Auch vom Lügen brauche ich einen Feierabend. Ein Zuhause für das 3. Gesicht. Eine hemmungslose Bühne für die Ehrlichkeit, egal, ob dabei die Asche auf den Teppich fällt oder nicht. Glücklicher Single. Niemand fragt dich, wer du bist und was du denkst. Niemand klopft deine Gefühle ab. Niemand provoziert Lügen im Bett. Man schläft ein Stückchen schuldloser ein, wenn man alleine ist. Und wacht schuldloser wieder auf. Ein lügenfreies Frühstück, ein ehrlicher Kaffee. Ich bin Single, weil ich wahrheitsliebend bin. Wahr ist aber ebenso, dass man sich selbst auch ganz schön in die Tasche lügen kann. Und wenn niemand da ist, der unsere kleinen Selbstbetrügereien korrigiert, wachsen sie sich dann und wann zu Lebenslügen aus. Und schon hat man Monster im Haus. Zum Beispiel Blockaden. Der Single neigt dazu, sie zu akzeptieren. Blockaden gegen das Staubwischen, Blockaden gegen das 2. Zähneputzen (am Abend), auch der Weg zum Supermarkt scheint manchmal gefühlsmäßig blockiert. Klar, was dann passiert. Dann sehen unsere Regale irgendwann so aus wie das Hochplateau von Aserbaidschan (sehr staubige Gegend), die Zähne wackeln, und im Kühlschrank ist kein Joghurt. Was ich daraus lerne? Yin und Yang stimmt. Jede Lebenssituation hat Vor- und Nachteile. Zu gleichen Teilen. Der Single verstrickt sich nicht in Beziehungslügen, aber er ist prädestiniert für den Selbstbetrug.

F

– wie Freunde

F

– wie Freunde

F

– wie Freunde

F

– wie Freunde

F

– wie Freunde

F

– wie Freunde

F

– wie Freunde

F

– wie Freunde

F

– wie Freunde

F

– wie Freunde

Es gibt Autisten. Und es gibt Singles. Der Autist ist allein. Der Single hat Freunde. Sie sind seine Familie. Sie ersetzen Partner, Geschwister, Kinder, Eltern, alles. Man kann das bedauern oder nicht. Es nicht zu bedauern, scheint mir aber intelligenter zu sein. Seelenverwandte haben gegenüber Blutsverwandten den Vorteil, dass wir sie selber aussuchen. Dass wir sie besser verstehen. Und mehr Spaß mit ihnen haben. Auch im Vergleich mit Partnerschaften schneidet der Freundeskreis besser ab. Er bietet dieselbe Geborgenheit wie eine Beziehung, ohne die Freiheit zu begrenzen. Zu beschneiden. Oder gänzlich zu eliminieren. Freunde akzeptieren es, wenn du dich zurückziehen willst. Wenn du keine Lust zu reden hast. Wenn du Zeit für dich brauchst. Sie akzeptieren es sogar, wenn dir nach versumpfen ist. Was sie allerdings nicht zu akzeptieren brauchen, sind deine Launen. In Beziehungen scheint es ja normal zu sein, den Partner als Abfalleimer zu benutzen. Weil er uns so nahesteht, entsorgen wir unsere Aggressionen an ihm, unsere Ängste, unsere Langeweile, auch die werten Neurosen werden ungehemmt bei ihm ausgetobt. Weil wir ihn lieben? Weil wir ihm vertrauen? Weil es der Preis für Sexualität ist? Ich glaube, das Letztere stimmt. Sex ist geil. Aber er gebiert Dämonen. Plötzlich sind Ansprüche da, die man vorher guten Gewissens nie gestellt hätte. Machtansprüche, Bedingungen, Regeln. Und Grenzüberschreitungen werden normal. Bei Freundschaften geht es um all das nicht. Auch nicht um Eifersucht. Oder hat jemals ein Freund zum anderen gesagt, er dürfe keine anderen Freunde haben neben ihm? Sonst verlöre er sein Vertrauen? Seine Nähe? Sein Verstehen? Das ist mir von Freunden noch nie zu Ohren gekommen. Bei Freundschaften weiß man, dass Respekt ausschlaggebend ist. Sogar Respekt vor Bedürfnissen, die gegen unsere gerichtet sind. Unter Freunden akzeptiert man Kommunikationspausen. In Beziehungen nicht. Freunde erzwingen keine Nähe. Freunde mischen sich nicht ungerufen in die inneren Angelegenheiten einer souveränen Existenz. Freunde wissen, dass Distanz genauso wichtig wie die Berührung ist. Darum bleiben wir länger bei ihnen. Viel länger. Der Begriff «Lebensabschnitts-Freundschaft» hat sich glücklicherweise noch nicht durchgesetzt.

G

– wie Geil

G – wie Geil
G – wie Geil
G – wie Geil
G – wie Geil
G – wie Geil
G – wie Geil
G – wie Geil
G – wie Geil
G – wie Geil

Problemlösung Nr. 1: der One-Night-Stand. Dazu muss ich Folgendes sagen. Ich bin seit rund 40 Jahren sexuell aktiv. Aber die One-Night-Stands kann ich an zehn Fingern abzählen. Na gut, sagen wir an zehn Fingern und zehn Zehen. Aber viel mehr waren es nicht. Ich bin nicht der Typ dafür. Ich bin zu schüchtern, und, je älter ich werde, auch zu vorsichtig.

Man fickt ja auch immer in ein soziales Universum. Und in ein psychologisch komplexes System. Was vorher wie Sharon Stone oder Angelina Jolie ausgesehen hat, ist am Morgen danach ein real existierender Mensch, mit jeder Art Problem. Stellt sich dann noch heraus, dass außer der Geilheit keinerlei Gemeinsamkeiten bestehen, wird das Frühstück zur Qual. Man kann es kaum erwarten, bis diese Person wieder geht. Zurück bleibt ein schaler Geschmack. Und stundenlanges Duschen. Und die bange Frage, ob man sich was eingefangen hat. Es gibt nicht nur Aids. Es gibt auch Herpes, wogegen kein Gummi schützt, und irgendwo habe ich mal gelesen, dass es sogar so etwas wie eine Rachensyphilis gibt. Problemlösung Nr. 2: Onanie. Ihre Vor- und Nachteile sind: Einerseits ist es Sex mit einem Menschen, den man sehr gut kennt. Anderseits fehlt das Überraschungsmoment. Und: Nur Frauen tun sich damit wirklich leicht. Männer schämen sich dafür. Und werden dafür verlacht. Oder hat man je eine sich selbst befriedigende Frau Wichserin genannt? Ein blödes Wort, aber es gibt kein besseres, um die Diskriminierung des onanierenden Mannes zu dokumentieren. Dasselbe Phänomen im Film. Eine Frau, die selbst Hand an sich legt, ist immer erotisch. Ein Mann immer peinlich. Darum machen wir es heimlich. Natürlich ist das ungerecht und eine Benachteiligung meines Geschlechts, die aber wieder ausgeglichen wird beim Thema kommerzieller Sex. Frauen brauchen, wie ich immer wieder höre, Romantik, Vorspiel und Gefühl. Männer brauchen das auch. Aber nicht beim Sex. Allerdings brauchen sie auch keine Kriminalität und Pitbulls unterm Bett. Apropos: Hunde, die bellen, beißen nicht. Singles stehen zwar in dem Ruf, viel Sex zu haben, weil sie viel über Sex reden. Oder viel über Sex schreiben. Wie mein Freund und Kollege Peter, der schon fast zum Sexexperten für Männermagazine geworden ist. In Wahrheit aber existierte, wie er mir neulich gestand, bei seinem letzten Sex der Euro noch nicht.

H
– wie Heimkommen
H
– wie Heimkommen
H
– wie Heimkommen
H
– wie Heimkommen
H
– wie Heimkommen
H
– wie Heimkommen
H
– wie Heimkommen
H
– wie Heimkommen
H
– wie Heimkommen
H
– wie Heimkommen

Es fühlt sich gut an, wenn wir am Flughafen abgeholt werden. Denn wer von einer Reise nach Hause kommt, erwartet familiäre Geräusche. Man kann nichts dagegen machen. Es ist in unseren Genen. Zu Hause Geschenke auspacken. Erzählen. Wer eine Reise gemacht hat, will nicht vom Hotelzimmer in eine leere Wohnung wechseln. Die Heizung anstellen, die verdorbene Nahrung aus dem Kühlschrank entfernen und ein einsames Bier trinken. Vor allem nicht, wenn man aus der Sonne kommt und zu Hause schwere Wolken flächendeckend den Himmel versauen. Grau übernimmt das Regiment. Grau wie grausen, grausig, grausam. Kopf hoch, Single, das ist morgen wieder vorbei. Eine Mütze Schlaf, und die Sache ist vom Tisch. Bei Fernreisen auch zwei oder drei Mützen, plus Fernsehnächte in Endlosschleifen. Das ist normal. Das geht vorbei. In null Komma nichts wirst du wieder glücklich darüber sein, dass du alleine bist. Das Heimkommen und der Tod sind die wirklich kritischen Momente im Singleleben. Die Klassiker, wenn man so will. Niemand will alleine sterben. Niemand will zurück in ein Zuhause, in dem niemand ist. Mein Tipp: sofort in das Lokal, das man liebt. Zur Familie der Kellnerinnen, Barmänner und Stammgäste, der Chef geht von Tisch zu Tisch. Er redet kompletten Schwachsinn. Oder erzählt schlüpfrige Witze. Er lacht laut über deine. Du hast gar keinen Witz gemacht? Er lacht trotzdem. Es ist uralte Sitte in der Gastronomie, dem Gast durch ein Gespräch das Gefühl zu geben, dass er zu Hause ist. Nach langer Reise durch Staub und Beschwerden ihm ein Lachen zu schenken, wann immer er es will. Rum, Whisky, Wodka, stumme Selbstgespräche an der Theke, wohltemperierte Musik. Hier wird der heimkommende Single aufgefangen, geschunkelt und müde gemacht. Danach geht er ins Bett.

– wie Irre allein zu Haus

– wie Irre allein zu Haus

wie Irre allein zu Haus

– wie Irre allein zu Haus

– wie Irre allein zu Haus

– wie Irre allein zu Haus

wie Irre allein zu Haus

– wie Irre allein zu Haus

– wie Irre allein zu Haus

– wie Irre allein zu Haus

Ich nenne ihn mal Dr. Winter, weil ich davon ausgehe, dass er sauer wäre, wenn ich seinen richtigen Namen schreibe. Nachdem wir uns zwei Jahre kannten, führte mich der Zufall zu ihm nach Hause. Die Wohnung war groß und hatte viele Zimmer. Er bewohnte die zwei kleinsten. In den anderen, und vor allem in dem wirklich großen Salon, standen Vogelkäfige. Alles in allem müssen es über 100 Vögel gewesen sein. Er füttert sie, er pflegt sie, er mistet die Käfige aus und konnte trotzdem nicht verhindern, dass die Vögel nach Vögeln stanken. Und es noch immer tun. Dr. Winter ist überzeugter Single.

Mit einer Frau kriegt er so ein Hobby nie durch. Oder nehmen wir mich. Ich ertappte mich neulich bei Folgendem: Ich saß mit einem Glas Rotwein in meiner Küche und führte ein entspanntes Gespräch mit Angelina Jolie an der Bar des Hotel Imperial, Neu-Delhi. Ich kenne es vom Schreiben, dass man Dialoge erfindet oder Dialoge kommen lässt, aber ganze Szenen laut gesprochen und schauspielerisch ausgelegt, mit Pausen, Zigaretten anzünden, Drinks bestellen, Blicken …, das kannte ich von mir noch nicht. Was ich kannte, war die Bar des Hotel Imperial, und ich kannte Indien. Angelina Jolie war dagegen das erste Mal in Delhi, nicht als Hollywood-Star, sondern als UNESCO-Sonderbotschafterin im Dienste der armen Kinder. Ich erklärte ihr Indien und in Grundzügen den Hinduismus. Die Unterhaltung währte gut eine Stunde, komplett ersponnen und laut gesprochen. Und als sie beendet war, saß ich noch lange zufrieden in meiner Küche und beglückwünschte mich zu diesem Abend und dem tollen Gespräch. Auch das ginge in einer Beziehung nicht. Irre allein zu Haus. Stefan kann ich beim Namen nennen. Er hat ja nichts verraten. Er könne mir durchaus ein paar durchgeknallte Geschichten aus seinem Singleleben erzählen. Aber so gut kennen wir uns auch wieder nicht. Trotzdem hat Stefan etwas Wesentliches zum Thema beigetragen. Wer alleine wohnt, kann die Toilettentür offen stehen lassen, wenn er mal muss. «Und das ist», so sagte Stefan, «der einzige Vorteil, den das Leben als Single hat.»

J

– wie Johanna

J

– wie Johanna

J

– wie Johanna

J

– wie Johanna

J

– wie Johanna

J

– wie Johanna

J

– wie Johanna

J

– wie Johanna

J

– wie Johanna

J

– wie Johanna

Der Unterschied zwischen einer Wohnung und einem Museum besteht in einer gewissen Krümeligkeit. Wenn sich bei mir die Krümel zu einer Art Teppich verdichten, der Küche, Flur und Arbeitsraum bedeckt, wird es Zeit für Johanna. Sie kommt zweimal monatlich. Immer dienstags. Leider sehr früh, was meinem Rhythmus abträglich ist. Für Johanna stehe ich auf. Manchmal höre ich sie nicht sofort. Dann muss sie vor der Haustür warten. In Kälte, Schnee und Regen. Sie weiß, dass ich es nicht böse meine. Als Erstes will Johanna einen Kaffee. Das ist Tradition. Dazu gehört, dass ich ihn mache. Und ich ihr einschenke. Bevor sie ihre Arbeit als Putzfrau beginnt, will sie Augenhöhe schaffen. Natürlich raucht sie dazu. Johanna ist Polin. Verheiratet, ein fast erwachsener Sohn. Sie hat einen Job, irgendwo. Putzt sie bei mir aus Leidenschaft? Nein, sagt Johanna. Ich gebe ihr zehn Euro pro Stunde. Unter 40 geht sie nie raus. Wir finden beide, das ist gut bezahlt. Dafür darf ich auch wieder ins Bett gehen, wenn sie ihren Kaffee getrunken hat. Sie putzt dann drum herum. Und wenn sie so weit ist, dass nur noch das Schlafzimmer schmutzig ist, wache ich auch wieder auf. Was Johanna sehr mag, ist, wenn ich dann ein bisschen Gitarre spiele. Und ich mag es, dass sie es mag. So ist das wunderbare Leben eines Singles, der eine gute Putzfrau hat. Leider bin ich kein guter Putzfrauen-Auftrags-Erlediger. Seit sechs Monaten nun schon bittet sie mich, Beutel für den Staubsauger zu kaufen. Ich vergesse es immer wieder. Als ob ein Fluch darüber hängt. Johanna hat versucht, Einkaufstüten zu Staubsaugerbeuteln umzufunktionieren. Es hat geklappt. Genial. Ein Bügeleisen zu improvisieren, schaffte aber selbst Johanna nicht. Auf dem Bügeleisen wiederum scheint kein Fluch des Vergessens zu liegen, ich kaufte es sofort. Seitdem fehlt mir das Kainsmal des männlichen Singles: Ich gehe nicht mehr ungebügelt aus dem Haus. Johanna hat meinen sozialen Status nach oben geschraubt. Und wenn sie dann fertig ist und ich wieder alleine bin, gehe ich fast andächtig durch die Räume. Nicht nur, weil alles strahlt. Auch, wie alles angeordnet ist! Es fehlt eigentlich nur noch die rote Kordel, die meinen Schreibtisch von den Besuchern trennt. Dann sähe es tatsächlich wie ein Helge-Museum aus. Aber keine Sorge, ruck, zuck! wird wieder eine Wohnung daraus.

K

– wie Kranker Single

K – wie Kranker Single
K – wie Kranker Single
K – wie Kranker Single
K – wie Kranker Single
K – wie Kranker Single
K – wie Kranker Single
K – wie Kranker Single
K – wie Kranker Single
K – wie Kranker Single

Es gibt Single-kompatible Krankheiten, und es gibt Gebrechen, da wünscht man sich jeden Menschen zurück, den man jemals lieb gehabt hat. Erkältungen gehören in die erste Kategorie, ebenso die normale Grippe. Weil man bei Husten, Schnupfen, leicht erhöhter Temperatur und allgemeiner Schwäche ganz gut all die Dinge tun kann, die gesund von schlechtem Gewissen begleitet sind. Ewig im Bett, Fernsehen als Endlosschleife, gammeln. Hier stimmt das Wort KrankFEIERN. Aber nehmen wir mal an, dass dem Single übel wird. Also Magen-Darm. Dann sind wir im Grenzbereich. Hier verlässt ihn die Freude daran, mit dem Fernseher allein zu sein. Und stellt sich dazu hohes Fieber ein, wo ist sie dann, die kühlende Hand auf der kochend heißen Stirn? Wer streichelt das Haar? Wer singt ein bisschen, während er das Zimmer lüftet? Wer?

Schicksal als Chance. Schwere Krankheiten erlauben uns frühzeitig einen Blick auf Single-Erlebniswelten, die eigentlich erst im letzten Kapitel seines Lebens angesagt sind. Wenn man ihn nicht mehr Single nennt. Sondern alleinstehender Pensionist. Oder Rentner. Doch der Ausblick in die Zukunft verliert schnell an Schrecken, sobald wir wieder gesundet sind. Ein Beispiel: Ich hatte neulich Bauchschmerzen, die nicht weggingen. Es konnte auch die Leber sein. Die Niere. Weil ich so viel zu tun hatte, verschob ich die Beschäftigung damit auf ein freies Wochenende. Am Samstag glaubte ich bereits an Geschwüre. Am Sonntag an Krebs. In der Nacht zum Montag liefen mir

Bilder durch den Kopf. Von Trennungen, von Tränen, wo ich versagt hatte, wo ich nicht anders gekonnt hatte. Ich tat einen Schwur in dieser Nacht. Wenn der liebe Gott mich gesunden lässt, will ich es noch einmal versuchen. Mit dem Hafen der Zweisamkeit. Außerdem schwor ich mir, endlich zum Arzt zu gehen. Dessen Diagnose: zu viel Kaffee. Therapievorschlag: Tee. Er sollte recht behalten. Und schon war der Schwur vergessen, denn es brauchte hier offensichtlich keine radikale Umstellung des Lebens-Stils von Single auf Beziehung. Hier reichte ein anderes Heißgetränk.

L

– wie Liebe

L
– wie Liebe
L
– wie Liebe
L
– wie Liebe
L
– wie Liebe
L
– wie Liebe
L
– wie Liebe
L
– wie Liebe
L
– wie Liebe
L
– wie Liebe

Ich liebe zum Beispiel meine Arbeit. Ein Privileg (ich weiß), aber eines, das man sich selber gibt. Heute ging ich sogar so weit, meinen Verleger zu lieben. Ich liebe die meisten meiner Kollegen und Kolleginnen. Ich liebe den Journalismus, die Buchhändler, die Medien. Ich liebe die Feuer, um die wir Geschichtenerzähler sitzen. Ich liebe die Jetztzeit, den Augenblick. Die Gegenwart. Selbstverständlich liebe ich auch Tarantino, Elvis Presley, Johnny Cash und mich. Singles wird ein ausreichendes Sortiment an Möglichkeiten geboten, Menschen, Tiere, Sensationen zu lieben. Auch an Tagen wie heute. Ein Montag. Nachdem ich 40 Minuten mit öffentlichen Verkehrsmitteln und zehn Minuten zu Fuß unterwegs gewesen war, fiel mir auf, dass ich etwas vergessen hatte. Fast das Wichtigste auf der Welt: mein Geld. Und weil ich kurz zuvor einem Bettler (unwissentlich) meine letzten zwei Euro geschenkt hatte, fuhr ich die 40 Minuten U-Bahn schwarz zurück. So etwas liebe ich nicht. Die Augen des Bettlers, sie waren nass vor Glück, wiederum liebe ich sehr. In der Erinnerung. Vor Ort und heute Morgen verfluchte ich sie. Und schwor, meine Freigebigkeit einzuschränken, obwohl sie in keinem Zusammenhang damit stand, dass ich meine Brieftasche vergessen hatte. Inzwischen ist Abend, und Friede zieht ein, und wenn ich die glücklichen Augen des Bettlers wieder vor mir sehe, wird klar, dass sie die Highlights des Tages waren. Liebe kommt auf merkwürdigen Wegen. Und (fast) immer ungeplant. Genauso geht sie auch. Schon mal versucht, einen Windhauch festzuhalten? Oder eine Sternschnuppe? Ich könnte natürlich morgen dem Bettler wieder zwei Euro geben, er steht ja immer an derselben Stelle. Aber irgendwann, und zwar bald, werde ich keine Freude mehr in seinen Augen sehen, weil Berechnung daraus geworden ist. So ziemlich dasselbe denke ich über Beziehungen. Sie sind für alles Mögliche gut, gewiss, aber Liebe können sie nicht garantieren. Für den Single gibt es diese Garantie ebenfalls nicht. Die Liebe zur Freiheit. Auch die lässt dich im Stich. Manchmal. Und manchmal nicht. Worum es geht? Ich denke, es geht um Grundlagen. Ich denke, es geht um die Liebe zum Leben. Ohne sie funktioniert weder die Beziehung noch das Alleinsein.

M

– wie Magerer Single

M

– wie Magerer Single

M

wie Magerer Single

M

– wie Magerer Single

M

– wie Magerer Single

M

– wie Magerer Single

M

– wie Magerer Single

M

– wie Magerer Single

M

– wie Magerer Single

M

– wie Magerer Single

Ich habe in den letzten zwölf Monaten ungefähr 20 Kilo abgenommen. Ich freue mich darüber, obwohl es nicht geplant gewesen ist. Und es war ganz leicht. Fördernd war dabei der Umstand, dass ich nicht kochen kann. Oder nicht kochen mag. Aber ich denke, selbst wenn ich es könnte und liebte, würde es mir keinen Spaß machen. Allein einkaufen, allein zubereiten, allein speisen, allein abwaschen. Essen hat viel mit Sattwerden zu tun. UND mit Kommunikation. Aus Tradition. Unsere Vorfahren in den Höhlen haben im Kreis zusammengesessen, geredet und gegessen. Die ganze Sippe, vom Kleinkind bis zum Greis. König Artus' Tafelrunde tat im Prinzip dasselbe, die Großfamilie im vorindustriellen Zeitalter tat es auch. Es gehört zum Menschsein. Beim Essen kommen wir zusammen. Beim Essen werden Pläne oder Fehler besprochen, Informationen ausgetauscht, beim Essen wird gelacht. Geweint. Gebetet. Es gibt keinen anderen Moment im Leben eines Singles, der es noch bewusster macht. Dir wird klar, dass du keine Familie hast, wenn du alleine isst. Also gehst du in ein Restaurant. Und bist wieder allein am Tisch, während an den anderen Tischen entweder lustige Runden oder Paare sitzen. Auch das kann deprimierend sein. Peinlich wird's, wenn du fast täglich kommst und irgendwann und irgendwie zu einer Art Familienmitglied des gastronomischen Betriebes wirst. Das ist 1. zu teuer, und 2. tut man so was nicht. Weil es erniedrigend ist. Außer man ist Künstler. Und prominent. Dann ist das normal.

Dann muss man auch nicht mehr zahlen. Dann sponsern sie dein Talent. Aber selbst ein prominenter Künstler will nicht jeden Tag in ein Restaurant. Der Magnetismus der eigenen vier Wände lässt das nicht zu. Und dann? Pizza-Service. Jeden Tag Pizza, das ist wie jeden Tag Spinat oder jeden Tag Sauerkraut. Ich schwör's Ihnen. Als Single gewöhnt man sich das Essen irgendwann ab. Das Speisen sowieso. Das Ritual wird auf reine Nahrungsaufnahme reduziert. Auf Energiezufuhr. Wie beim Tanken. Mit Fertiggerichten fängt es an, am Ende stehen Ernährungskonzepte, die man aus der Raumfahrt kennt. Oder aus den Ausrüstungsgeschäften für Abenteurer und Individualtouristen. Irgendein Brei in Dosen. Alles drin, was der Organismus braucht, und extrem sättigend. Drei Esslöffel pro Tag.

N

– wie Nutzlose Existenz

N

– wie Nutzlose Existenz

N

wie Nutzlose Existenz

N

– wie Nutzlose Existenz

N

– wie Nutzlose Existenz

N

– wie Nutzlose Existenz

N

wie Nutzlose Existenz

N

– wie Nutzlose Existenz

N

– wie Nutzlose Existenz

N

– wie Nutzlose Existenz

«Seid fruchtbar und mehret Euch.» Das ist zwar nicht eines der 10 Gebote, aber irgendwo in der Bibel steht es genau so geschrieben. Und es macht Sinn. Es geht um das Überleben der Gattung Mensch. Um den Fortbestand von Intelligenz. Natürlich gibt es auch Singles, die Kinder machen. Aber das ist etwas anderes als Kinder haben. Das eine sichert nur die Zukunft deiner Gene. Das andere auch die Zukunft deiner Seele. Und was ist mit dem Single, der mit seinem Kind lebt? Das ist irgendwie kein Single. Das ist eine alleinerziehende Mutter oder ein alleinerziehender Vater. Der echte Single ist nur allein. Und lebt in Sünde (falls er Christ ist), er verweigert sich der Familie, er nimmt nicht teil an der Evolution, er ist kein Rädchen im großen Fortpflanzungsgetriebe. Er unterschreibt keine Generationenverträge. Er ist nutzlos. Ein Ast am Stammbaum, der keine Blätter trägt. Keine Blüten. Ein toter Ast. Was werden die Seelen unserer Vorfahren darüber denken? Hundert Generationen vor uns haben alles richtig gemacht. Und dann kommt der! Oder die! Und alles war für die Katz. Ein Familienname verblasst. Werden sie etwas in dieser Art denken? Vorausgesetzt, dass Seelen denken. Und vorausgesetzt, dass der Single sich nicht durch seine Werke verewigt.

O

– wie Ohne Worte

O – wie Ohne Worte
O – wie Ohne Worte
O – wie Ohne Worte
O – wie Ohne Worte
O – wie Ohne Worte
O – wie Ohne Worte
O – wie Ohne Worte
O – wie Ohne Worte
O – wie Ohne Worte

Wenn ich aufwache, koche ich mir einen Kaffee und setze mich an den Küchentisch. Ich mache kein Licht an. Ich sehe durch das Fenster und frühstücke die Farben des Morgens. Alles ist still. Das dauert so zwischen 30 und 40 Minuten. In einer Beziehung geht das nur, wenn beide große Schweiger sind, was selten ist. Freunde können auch ohne Worte miteinander frühstücken. Paare nicht. Dahinter steckt nicht immer nur Mitteilungsdrang, sondern auch das Mülleimer-Prinzip. Man hat ein Recht darauf, sich beim Partner von der Seele zu reden, was gerade drauf ist. Die Zuhörpflicht gehört zu den 10 Geboten der Liebe. Dazu kommt die direkte Reaktion aufeinander. Wie man aussieht. Was für ein Gesicht man zieht. Außerdem: Worte haben auch ein Eigenleben. Eines ergibt das andere, auch wenn sie sinnlos sind, und irgendwann flattern sie wie Vögel durch die Küche. Es gibt Zeiten, da ist das wunderbar. Aber nicht beim ersten Kaffee. Bei der ersten Zigarette. Bei den ersten Sonnenstrahlen. Und wenn es regnet? Dann schweige ich erst recht. Der Regen hat mehr zu erzählen als ich, und er erzählt schöner. So schön wie der Wind, die Wellen, das Feuer. Am liebsten aber höre ich die Stille an und für sich. Sie ist ja nicht wirklich still. Sie ist satt. Sie ist tief. Etwas in ihr klingt wie Musik. Das stille Frühstück ist der Freund des Singles. Sein Luxus. Sein Privileg. Ein Paar kann sich auf getrennte Betten einigen, auf getrennten Urlaub, getrennte Konten. Aber auf getrenntes Frühstück einigt sich ein Paar nur, wenn es keines mehr ist. Aber trotzdem noch jeden Morgen in der Küche zusammensitzt. Auch zwischen Menschen, die sich nichts mehr zu sagen haben, wird viel geschwiegen. Aber dieses Schweigen ist schlimm. Weil es unerträglich ist. Der Unterschied zum Schweigen des Singles ist in etwa so groß wie der zwischen einem Bahnhofswartesaal und der Kathedrale von Notre-Dame. Eine neue Ebene des Themas kündigt sich an. Das große Schweigen. Für das große Gespräch. Wann immer ein Mensch Übersinnliches gesucht hat, ist er in die Stille gegangen. Ist der Single Gott am nächsten, weil er am meisten Zeit für ihn hat? Sind wir alle Mönche einer neuen Frühstücks-Religion? Kann sein, aber meine Hand dafür ins Feuer legen will ich nicht.

P
– wie Panik
P
– wie Panik
P
– wie Panik
P
– wie Panik
P
– wie Panik
P
– wie Panik
P
– wie Panik
P
– wie Panik
P
– wie Panik
P
– wie Panik

Panik entsteht dann, wenn man denkt, dass man bereits zu lange Single gewesen ist, um noch beziehungskompatibel zu sein. Man hat Eigenarten entwickelt, vielleicht sogar schon Schrulligkeiten, und außerdem weiß man kaum noch, wie es geht, ohne die Freiheit. Die praktische wie die theoretische, aber wie es mit der Freiheit geht, weiß man im Augenblick auch nicht mehr so genau. Decken fallen auf Köpfe in solchen Augenblicken. Wohnungen werden zu Gefängnissen. Isolationshaft. Man beginnt, mit dem Fernseher zu sprechen. Man mischt sich in Talkshows ein. Panik entsteht, wenn man sich nicht mehr auf sein Sofa setzen will, weil einem das komisch vorkommt, so allein, egal, wie schön das Sofa ist und wie schön der Rest. Inmitten seines Königreichs zu erkennen, dass ohne die Liebe jeder Palast zur Hütte wird, ist bitter, und die Panik sagt, diese Erkenntnis kommt zu spät. Der Zug ist abgefahren. Man wird jetzt nur noch immer älter und älter, und irgendwann wird man kein Single mehr sein, sondern ein alleinstehender Rentner. Wer allein lebt, stirbt allein. Auch das ein panischer Gedanke. Mutterseelenallein irgendwo zu verrecken, Gott steh mir bei. Natürlich kann man auch, eins mit dem gesamten Universum und den Gesetzen des Lebens, friedlich im Himalaya seinen Körper verlassen, aber daran glaubt man in den Phasen paranoider Schübe nicht so recht. Wenn es auf dem Sofa nicht geht, warum soll es dann in einer eiskalten Höhle gehen, 4000 Meter über dem Meeresspiegel? Eher wahrscheinlich ist, dass es in einem Altersheim endet, in dem man keinen leiden kann. Wenn die Panik übernimmt, wird es düster beim Single, egal, wie hell die Wohnung erleuchtet ist, denn es ist eine Düsternis der Seele, und aus der muss er raus. Es gibt glücklicherweise dafür viele Wege. Bücher, Nachtleben, Internet, manchmal reicht ein gutes Lied, um die Stimmung umzudrehen. Das Zauberwort heißt Entspannung, und die Inder haben eine Geschichte darüber. Eines Tages kam die Panik zu Gott und beschwerte sich. «Lieber Gott, es ist ungerecht. Immer wenn die Entspannung kommt, muss ich gehen.» Gott rief daraufhin die Entspannung zu sich. «Wir haben ein Problem. Die Panik beklagt, dass du sie vertreibst, wo immer ihr aufeinandertrefft.» Die Entspannung machte daraufhin ein verwundertes Gesicht. «Panik», sagte sie, «kenn ich nicht.»

Q

– wie Quantensprung

Q

– wie Quantensprung

Q

– wie Quantensprung

Q

– wie Quantensprung

Q

– wie Quantensprung

Q

– wie Quantensprung

Q

– wie Quantensprung

Q

– wie Quantensprung

Q

– wie Quantensprung

Q

– wie Quantensprung

Ein altes türkisches Märchen erzählt von einem jungen Mann, der nicht nur ganz allein lebt, sondern noch dazu schweigt. Seit Jahren hat ihn niemand reden hören. Obwohl er es könnte. Sprachbehindert ist er nicht. Ein schönes Mädchen besucht ihn trotzdem. Die Kommunikation funktioniert recht gut, denn er schreibt ihr auf, was er zu sagen hat. «Warum sprichst du nicht?», fragt sie. «Es ist ein Geschäft», schreibt er. «Mit wem?» – «Das darf ich nicht verraten.» – «Okay, und was machst du sonst so?» – «Ich schreibe Gedichte.» Sehr gute Gedichte, nebenbei. So gut, dass sich das Mädchen in ihn verliebte, und wie alle Verliebten war sie sofort zu Grenzüberschreitungen bereit. In der nächsten Nacht stieg sie durch ein offen stehendes Fenster unbemerkt in sein Haus, aber sie fand ihn dort nicht. Sie fand ihn im Garten. Hinter einer Hecke versteckt, hörte sie ihn zum ersten Mal sprechen. Der junge Dichter bat mit eindringlichen Worten ein etwas durchsichtiges Wesen, mal eine Ausnahme zu machen, denn er liebe das Mädchen, das ihn gestern besucht habe, und er müsse ein Mal dringend sein Schweigegelübde gegenüber Menschen brechen. Die Bitte wurde negativ beschieden. «Wir haben einen Vertrag», sagte das Wesen. «Wenn du ihn brichst, dann breche auch ich ihn. Du kannst nicht beides haben. Entweder reden oder Gedichte.» Eine harte Entscheidung, und in diesem Fall noch härter, denn es wurde Liebe oder Gedichte daraus. Das Wesen, das sie abverlangte, wird von den Türken Peri genannt und den Naturgeistern zugeordnet. Wir nennen es Muse. Oder Inspiration. Natürlich gibt es auch Musen aus Fleisch und Blut und Inspirationen im Gespräch, aber nichts ist so ergiebig wie die Kommunikation mit einem phantastischen Wesen, sei es ein Geist, ein Engel oder ein Dämon. In deren Anwesenheit wurde Beethovens 9. geschrieben, die 8. und 7. Sinfonie wahrscheinlich auch. Und Otis Redding hat sein «Dock of the Bay» ebenfalls mutterseelenallein gesungen, als es ihm zum ersten Mal aus der Seele kam. Klar, das sind große Beispiele, aber was im Großen stimmt, das stimmt meist auch im Kleinen. Man muss nicht einmal malen, schreiben oder musizieren. Es reicht doch schon, beim Bügeln darüber zu phantasieren, wie man aus einem zerknitterten ein gänzlich faltenfreies Universum macht – und schon hat man den Quantensprung vom Single zum Künstler geschafft.

R

– wie Richtungweisend

R

– wie Richtungweisend

R

wie Richtungweisend

R

– wie Richtungweisend

R

– wie Richtungweisend

R

– wie Richtungweisend

R

wie Richtungweisend

R

– wie Richtungweisend

R

– wie Richtungweisend

R

– wie Richtungweisend

In den grauen Vorzeiten der Menschheit lebten wir in Rotten, also in Gruppen, die sich ums Feuer scharten und in Höhlen wohnten. Je größer die Gruppe, desto sicherer war das Individuum vor anderen Gruppen und wilden Tieren. Ein bisschen später wurden aus Rotten Clans. Man wohnte in Häusern und bestellte Felder, aber das Schutzprinzip blieb dasselbe. Ein großer Clan bot mehr Sicherheit als ein kleiner. Langsam kamen die Zivilisation und allgemein verbindliche Gesetze. Zahlenmäßige Überlegenheit war nicht mehr nötig, um sich vor Feinden zu schützen, und wilde Tiere gab es auch immer weniger. Es reichte also die Großfamilie. Sie hielt sich recht tapfer, und ihre Aufgabe war es, Problemfälle wie Krankheit und Arbeitsunfähigkeit innerhalb der Familie aufzufangen. Außerdem passten die Großeltern auf die Kinder auf, während die Eltern auf dem Feld waren oder auf der Jagd, und die Alten wurden von den Jungen ernährt. Mit der Entwicklung von Sozialsystemen (Renten, Krankenversicherungen) schrumpften die Großfamilien zu Kleinfamilien. Solange die Aufgabenteilung zwischen den Geschlechtern dergestalt war, dass der Mann arbeitete und die Frau den Haushalt schmiss, machte das Sinn, denn die Ehe gab der Frau materielle Sicherheit. Dann kamen die Emanzipation und die moderne Arbeitswelt, das heißt, die Frauen verdienten selbst ihr Geld. Folge: Die Ehe behielt zwar noch ihren emotionalen Wert, nicht aber ihren praktischen, und wenn die Emotionen nicht mehr stimmten, war es schnell aus. Die große Zeit der Lebensabschnittspartnerschaft begann. Ein Beziehungsmodell für zwei bis sieben Jahre Gemeinsamkeit, manchmal mehr, oft weniger. Das «Ex» wurde normal. Und die Phasen zwischen der Ex- und der neuen Beziehung wurden Single genannt. Inzwischen hat sich auch da was getan. Der Mensch hat Geschmack an den Übergangsphasen gefunden. In unseren Großstädten ist bereits jeder zweite Haushalt ein Singlehaushalt, landesweit jeder dritte. Wer das negativ sieht, nennt den Grund dafür Bindungsunfähigkeit. Wer es positiv sieht, sagt, es besteht keine Bindungsnotwendigkeit mehr. Wir lieben uns, weil wir uns lieben. Nicht, weil wir uns brauchen.

S

– wie Stars

S

– wie Stars

S

– wie Stars

S

– wie Stars

S

– wie Stars

S

– wie Stars

S

– wie Stars

S

– wie Stars

S

– wie Stars

S

– wie Stars

Wir sind ja alle schlau und wissen, dass Schauspieler nicht so sind wie ihre Rollen, nicht mal wie ihr Rollenfach, trotzdem wollen wir nicht, dass Sexsymbole verheiratet sind. Es raubt uns nicht den Schlaf, aber den Traum. Und den Betroffenen raubt es auch 'ne Menge. Das schönste Beispiel, das ich kenne, ist Nicolas Cage, der Mann mit dem Saugblick, in dem sich Treuherzigkeit und die Bereitschaft zur Raserei 1 : 1 mischen. Schönes Beispiel deshalb, weil er doppelt problembeladen war. Erstens musste er Single bleiben, zweitens wollte er Single bleiben, aber als er Patricia Arquette zum ersten Mal traf, machte er ihr sofort ein Heiratsangebot. Neun Monate nach der Hochzeit erklärte ihr Cage, dass er eine offene Ehe will, weil er einer Frau unmöglich treu sein kann. Man einigte sich auf eine getrennte Haushaltsführung. Patricia zieht aus. Vier Jahre später zieht sie wieder ein. Man ist erwachsener geworden. Nicolas Cage ruft sicherheitshalber doch nochmal seine Anwälte an. Die raten ihm, sich sofort scheiden zu lassen. Mit seiner Frau unter einem Dach zu leben würde seiner Karriere schweren Schaden zufügen. Cage folgte ihrem Rat. Aber bereute es schon wenige Stunden nach der Unterzeichnung des Scheidungsantrags. Er eilte zu seiner Frau und bot ihr fünf Millionen Dollar, damit sie ihm verzeiht. Sie verzieh ihm. Der Scheidungsantrag wurde zurückgezogen, die Rechtsanwälte sind reicher geworden, innerhalb einer Ehe wurden Vermögenswerte verschoben, und Kollege George Clooney hat sich darüber kaputtgelacht. Weil er es besser macht. Von ihm hört man, dass er gern mit Hängebauchschweinen zusammenlebt. Mit ihnen holt er sich Wärme und Geselligkeit ins Haus, und Sex hat er mit ständig wechselnden menschlichen Partnerinnen. Ein geniales System, weil Hängebauchschweine so anhänglich wie Hunde, aber intelligenter sind. Die Frage ist nur, ob es stimmt. Oder gehört auch Clooney zu den bekennenden Singles, die wie Jack Nicholson heimlich zu ihrer Dauerfreundin fahren? Mit zwei, drei Sixpacks Bud für den gemütlichen Fernsehabend. Und natürlich mit der schmutzigen Wäsche.

T

– wie Teilzeit-Single

T

– wie Teilzeit-Single

T

– wie Teilzeit-Single

T

– wie Teilzeit-Single

T

– wie Teilzeit-Single

T

– wie Teilzeit-Single

T

– wie Teilzeit-Single

T

– wie Teilzeit-Single

T

– wie Teilzeit-Single

T

– wie Teilzeit-Single

Wir kennen das Beispiel mit dem Wasserglas. Die einen sagen, es ist halb voll, die anderen halb leer. Ähnliches gilt für die Beziehungskonzepte der modernen Nomaden. Es gibt die Fernbeziehung, und es gibt den Teilzeit-Single. Beides ist dasselbe. Der eine arbeitet in Wien, der andere in Berlin, man sieht sich nur am Wochenende und findet das offiziell nicht schön. Inoffiziell aber beginnt man dieses Pendeln zwischen Beziehung und Single-Sein zu schätzen, denn es bietet von beiden Lebensformen das jeweils Beste. Das Allerbeste daran ist, dass man sich nicht entscheiden muss. Und auf nichts verzichtet. In der Regel entwickelt sich das in zwei Stufen. Und bleiben wir ruhig bei dem Beispiel der obengenannten Städte. 1. Stufe: Einer der Partner lebt in der gemeinsamen Berliner Wohnung, der andere ist unterwegs und wohnt im Hotel. Oder bei Freunden. Kehrt er nach Berlin zurück, kommt er nach Hause. 2. Stufe: Das Hotel wird zu teuer, eine Wohnung in Wien muss her, und sobald sie da ist, ja, was passiert dann? Man wohnt sich ein, und wenn man jetzt nach Berlin kommt, dann kommt man nicht mehr heim. Sondern zu Besuch. Teilzeit-Single kann eine schöne Sache sein. Für beide Seiten. Wer ungestört allein sein darf, ist dann zu zweit auch wieder zu allem bereit, vom Bett bis zum Italiener, das ganze Programm. Bevor es langweilig werden kann, geht wieder der Flieger in die andere Stadt, in das andere Leben. Diese Art Beziehung ist ideal für alle Menschen mit Bindungsängsten. Für all die Armen, die sich nicht zwischen Liebe und Freiheit entscheiden können, ist das Teilzeit-Single-Modell geradezu erlösend. Ein Gottesgeschenk. Ach ja, noch etwas. Es gibt nichts Unangenehmeres als Trennungen, bei denen auch der gemeinsame Lebensmittelpunkt getrennt werden muss. Einer muss die Wohnung verlassen, umziehen, die Möbel rausschaffen. Ein quälender Prozess, der komplett wegfällt, wenn eine Fernbeziehung beendet wird. Denn der Teilzeit-Single geht einfach nur nach Haus und kommt nicht mehr zurück. Auch seelisch muss er sich nicht groß umstellen. Er ist daran gewöhnt und weiß, wie es ist: Allein im Bett.

U

– wie Unvergessen

U

– wie Unvergessen

U

– wie Unvergessen

U

– wie Unvergessen

U

– wie Unvergessen

U

– wie Unvergessen

U

– wie Unvergessen

U

– wie Unvergessen

U

– wie Unvergessen

U

– wie Unvergessen

Ein Freund hatte vor Jahren mehr Glück als Verstand, weil er die große Liebe seines Lebens fand. Sie stand plötzlich in der Tür, und es dauerte knapp eine Woche, bis die ganze Welt sagte, sie sind das Traumpaar schlechthin. Der Traum dauerte zwei Jahre, dann verließ sie ihn. Er brauchte neun Monate, bis er verstand, dass sie ihn verlassen hatte, und nochmal zwei Jahre, bis er es akzeptierte. Der nächste Schritt in diesem Fall ist auch, die Hoffnung aufzugeben, dass sie irgendwann zurückkommt. Und diesen Schritt vollzog er summa summarum 14 Jahre lang nicht. Mein Freund hat übrigens auch einen Namen, aber ich mag ihn nicht nennen, weil ich sicher bin, dass er das nicht will. Und ich habe keinen anderen Namen für ihn. Keinen, der wirklich passt. Clint, ja, das ginge vielleicht. Clint Eastwood in seinem Western «Gnadenlos». Er kämpft für die Ehre einer Hure, und als die sich dafür revanchieren will, lehnt er ab, weil er eine Frau hat. Dass sie bereits seit Jahren neben seinem Haus begraben liegt, interessiert ihn nicht. Clint ist ihr treu, und auch wenn die Ex meines Freundes glücklicherweise noch sehr lebendig ist, haben wir es hier mit demselben Phänomen zu tun. Die große Liebe, die so einmalig, ja, fast heilig ist, dass man sie nie mehr vergisst. Novalis, Clint Eastwood, mein Freund wurden von ihr getroffen wie von einem Blitz. Tolle Sache, aber sehr lästig, wenn es unglücklich endet. Mein Freund hat es durchaus mit anderen Frauen versucht, aber er konnte nie «ich liebe dich» sagen. Und sein größter Horror war die Vorstellung, mit einer anderen Frau Kinder zu haben und dann zufällig SIE zu treffen. Mit denselben Begleiterscheinungen wie beim ersten Mal, also Blitzeinschlag et cetera. «Dieser Situation wäre ich mit Sicherheit nicht gewachsen», sagte mein Freund und blieb Single. Weil er Musiker ist, konnte er die Verewigung seines Liebeskummers kreativ nutzen. 14 Jahre lang spielte er einen authentischen Blues auf kleinen Bühnen, dann traf er sie wieder, und es war fast genauso, wie er es vorausgesehen hatte. Die Liebe zwischen ihnen flammte erneut wie ein Buschfeuer auf. Und: Er war frei. Aber: sie nicht. Sie hatte einen anderen. Sie hatte Kinder. Seitdem redet alle Welt auf meinen Freund ein, er solle seine große Liebe endlich über Bord werfen, um frei für die kleine Liebe zu sein. Zu unser aller Freude sieht er es langsam ein.

V

– wie Verbrechen

V – wie Verbrechen
V – wie Verbrechen
V – wie Verbrechen
V – wie Verbrechen
V – wie Verbrechen
V – wie Verbrechen
V – wie Verbrechen
V – wie Verbrechen
V – wie Verbrechen

Einbrecher lieben Singles. Denn die haben in der Regel hübsche Wohnungen und sind tagsüber selten da. Kein Ehepartner bewacht das teure Hightech, mit dem der Single sich die Zeit vertreibt, wenn die Nächte einsam sind, keine Kinder schreien Alarm. Man weiß das natürlich alles, aber wenn es passiert, fühlt man sich hilflos, nackt, ja, irgendwie auch missbraucht. Ein überzogenes Beispiel? Gewiss, aber genau das war mein Gefühl, als ich neulich nach Hause kam und keinen Schlüssel mehr brauchte, weil die Wohnungstür bereits offen stand. Der Zylinder des Schlosses lag in zwei Hälften zerbrochen auf dem Flur, und erst jetzt sah ich, wie fragil er war. Als Erstes fuhr mir die Sorge um meinen Macintosh in die Knochen, denn was würde ich ohne den Computer machen? Aus Gründen, die mir bis heute unergründlich sind, haben sie den Mac nicht angerührt. Den Rest der Wohnung dafür total. Die Matratzen waren aus dem Bettgestell gerissen, weil Singles über 80 ihre Ersparnisse genau da verstecken, mein Wäscheschrank sah aus, als hätte ein tollwütiger Bernhardiner sich daran vergriffen. Sie waren offensichtlich nur an Cash und Cash-Ähnlichem interessiert, also Kontonummern, PIN-Codes, Internet-Banking-Kennwörtern. Diesbezüglich fehlten mir dann tatsächlich ein paar Nummernkombinationen. Ich ließ den ganzen Kram sofort sperren und hatte Glück. Sie hatten noch nicht die Zeit gefunden, meine Konten abzuräumen. Seitdem ist mein Leben ein bisschen kompliziert. Weil ich jetzt immer und überall alle wichtigen Papiere bei mir trage. Und das Leben meiner Nachbarn ist auch nicht leichter geworden. Denn wenn ich nun die Wohnung verlasse, egal, ob für einen Tag oder eine Woche oder einen Monat, lasse ich grundsätzlich das Radio laufen, und zwar so laut, dass man es auch im Hausflur noch hören kann. Natürlich fragten mich die Nachbarn (auch Singles), was das soll. Nachdem ich es ihnen erklärt hatte, machten sie es mir nach. Vorteil. Das Verbrechen bleibt vor der Tür. Nachteil: Das Haus ist ziemlich laut geworden.

W

– wie Wauwau

W

– wie Wauwau

W

– wie Wauwau

W

– wie Wauwau

W

– wie Wauwau

W

– wie Wauwau

W

– wie Wauwau

W

– wie Wauwau

W

– wie Wauwau

W

– wie Wauwau

W

– wie Wauwau

Hunde kann man als Single eigentlich nur halten, wenn man Millionär ist oder Zeitmillionär oder ein Star. Dann kann man sie zu den Jobs mitnehmen. Allein lassen darf man Hunde nicht. Sie sind keine Singles. Sie stammen vom Wolf ab und sind Rudeltiere. Sie werden depressiv ohne Alphatiere. Das ist schade, denn sonst sind sie als Ersatzbeziehung ideal. Immer lieb, immer dankbar und so treu, dass man sie praktizierende Katholiken nennen müsste. Was man von Katzen nicht sagen kann. Die sind so treu wie ein Freudenmädchen im Hafen von Marseille und erwarten Dankbarkeit dafür: sauberes Katzenklo, Marken-Futter, bester Platz auf dem Sofa. Berufstätige Singles, die mit diesen, na sagen wir, Charaktereigenschaften, klarkommen, sind mit Katzen bestens bedient, denn Katzen MUSS man allein lassen. Sie sind geborene Einzelgänger, geborene Freigänger. Katzenhaarallergie? Dann sind Schildkröten ideal, am besten zwei. Die bekommen es gar nicht mit, wenn man sie am Morgen verlässt, weil es schon längst wieder Feierabend wird, bevor sie überall nachgeschaut haben, ob wirklich keiner zu Hause ist. Und sie sind fast so genügsam wie ein Möbelstück. Ein paar Salatblätter, ein Untertässchen mit Wasser, dementsprechend unspektakulär ist, was hinten wieder rauskommt. Zum Glück. Denn stubenrein sind Schildkröten nun mal nicht. Wie soll das auch gehen? Wenn das Bedürfnis, mal eben schnell aufs Klo zu schleichen, sie in zehn Meter Entfernung zur Toilette überkommt? Selbst einen Meter schaffen sie nicht. Vorletzter Vorschlag: Chamäleons. Es ist zwar nicht so leicht, mit ihnen eine emotionale Beziehung aufzunehmen, aber dafür halten sie die Wohnung weitgehend fliegenfrei. Und es macht Spaß, ihnen dabei zu helfen. Man trägt sie auf der Hand zu der Fliege an der Wand. Wie man einen Falken tragen würde. Warum dann nicht gleich die Königin der Vögel als passende Begleiterin wählen? Die Antwort ist ganz einfach: weil Falken wirklich nur für Singles ab Ölscheich aufwärts taugen. Für mich wäre allerdings ein Papagei adäquat. Ich würde ihm ein bisschen Shakespeare beibringen, und ein Platz auf meiner Schulter wäre für ihn immer frei.

X

– wie X-Faktor

X

– wie X-Faktor

X

– wie X-Faktor

X

– wie X-Faktor

X

– wie X-Faktor

X

– wie X-Faktor

X

– wie X-Faktor

X

– wie X-Faktor

X

– wie X-Faktor

X

– wie X-Faktor

Erinnern Sie sich an «Akte X»? An die Agenten, die das Übersinnliche jagten? Dafür stand der Buchstabe. Das große Unbekannte, das Jenseitige, das Nichtfassbare. Natürlich können wir es uns einfacher machen und das X einfach Gott nennen. Oder Teufel. Und schon sind wir beim Thema. Niemand ist gern mutterseelenallein, auch nicht der Single. Er braucht Freunde, er braucht Kollegen, er braucht die Fernsehfamilie, und wenn das alles mal wegfällt, dann braucht er halt das X. Ein Beispiel: Ich war gerade vier Wochen in Marrakesch.

Ich habe dort ein Haus mit Freunden, aber dieses Mal war ich allein da. Es ist ein großes Haus mit einem großen Innenhof, in dem zwei Bäume stehen und ein Brunnen plätschert. Wunderschön. Und nachts begannen plötzlich die Bäume, mit mir zu kommunizieren. Es kann auch Einbildung gewesen sein. Trotzdem war ich nicht mehr allein. Ein anderes Wort für Einbildung ist übrigens Eingebung. Oder Inspiration. Eigentlich wollte ich Urlaub machen, aber ich begann, wie besessen zu schreiben. Jede Nacht. Die Geschichte überraschte mich, und sie erzählte sich praktisch von selbst. Ich musste eigentlich nur genau hinhören. Wohin? In die Stille und in die Stimmen, die in der Stille sind. X-Faktor. Künstler, Mönche und Religionsgründer wissen, wovon ich spreche. War Jesus ein Single? Nicht wirklich. Er war eher so ein WG-Typ. Er hatte immer viele Leute um sich. Nur wenn er konzentriert mit Gott (oder dem Teufel) sprechen wollte, ging er in die Wüste.

Allein. Und Moses? Wäre er mit Frau und Kind und Kegel auf den Berg Sinai gegangen, hätte er dann auch die Zehn Gebote mit runtergebracht? Ich glaube, sie hätten Kräuter gesammelt oder noch mehr Kinder gemacht. Und wäre Buddha kein Single gewesen, gäbe es heute wahrscheinlich keinen Buddhismus. Er hat jahrelang unter einem Baum meditiert, bevor ihm die Erleuchtung kam. Bei so etwas machen Ehefrauen einfach nicht mit. Ich spreche da aus Erfahrung. Ich meditiere. Und ich war mal verheiratet. Und immer, wenn ich mit gekreuzten Beinen und geschlossenen Augen dem X-Faktor auf der Spur war, hat mich meine Frau mit dem Staubsauger umkreist. Wie sollte das gutgehen?

Y

– wie Yahoo

Y
– wie Yahoo
Y
– wie Yahoo
Y
– wie Yahoo
Y
– wie Yahoo
Y
– wie Yahoo
Y
– wie Yahoo
Y
– wie Yahoo
Y
– wie Yahoo
Y
– wie Yahoo

Ich glaubte anfangs fest daran, dass die Erfindung der E-Mail mir beruflich wie privat immense Vorteile bringen würde, weil ich ungern telefoniere (eher eine Ausnahme unter Singles). Aber ich bin schwerhörig, ich hasse Gespräche, bei denen ich mir den Hörer ins Ohr stopfen muss. Beruflich ging die Rechnung auf. Ich bin zehnmal so produktiv wie in den Zeiten vor Internet. Privat funktionierte es zunächst auch. Nie zuvor hatte ich so intensive Kontakte nach draußen, dieses sichere Gefühl, immer online zu sein. Die Mails wurden so lang wie Briefe, aber dann kam ich drauf, dass man nicht an jedem Tag Briefe schreiben kann. Oder mag. Außerdem: Wer lange Mails schreibt, bekommt lange Antworten. Und nicht jeder meiner Freunde kann schreiben. Noch ein Problem offenbarte sich: Manchmal will man nicht sofort antworten. Manchmal will man erst drüber nachdenken. Ergebnis: Die alte Mail rutscht nach unten, wenn neue Mails kommen, und die alte mahnt nicht mehr in fetter Schrift wie die ungelesenen. Vergessen. Und obwohl das meine Freunde auch von sich selber kennen, überreagieren sie gelegentlich. Nichts ist so beleidigend wie eine unbeantwortete Mail. Inzwischen halte ich von der Kommunikation des wirklich Privaten per Internet überhaupt nichts mehr und nutze Yahoo auch im Kreis meiner Freunde nur noch für «Wir sollten uns mal treffen» oder «Darüber müssen wir in Ruhe sprechen», und dahinter steckt eine tiefe Einsicht. Ohne die Stimme geht es nicht. Ohne die Stimme berührt dich nichts. Ohne die Stimme ist niemand bei dir. Sie ist ein magisches Instrument. Sie kann trösten und verführen, sie kann drohen und schmeicheln, sie kann lachen und vor allem: Sie kann weinen. Wie dagegen weint eine Mail? Nein, privat hat mir Yahoo & Co. nicht viel gebracht. Mit einer Ausnahme: Ein Freund in Rio. Seine letzte Mail begann so: «Heute Morgen joggte ich um den Zuckerhut, und taubengroße, knallbunte Schmetterlinge flatterten um mich herum. Da dachte ich an dich.» Ich sah die brasilianischen Schmetterlinge aus meinem iBook herausflattern, und sie blieben eine Weile. So macht Yahoo dann doch wieder Sinn.

Z

– wie Zeit für Zärtlich-
keiten

Z

– wie Zeit für Zärtlich-
keiten

Z

wie Zeit für Zärtlich-
keiten

Z

– wie Zeit für Zärtlich-
keiten

Z

– wie Zeit für Zärtlich-
keiten

Z

– wie Zeit für Zärtlich-
keiten

Z

– wie Zeit für Zärtlich-
keiten

Z

– wie Zeit für Zärtlich-
keiten

Z

– wie Zeit für Zärtlich-
keiten

Z

– wie Zeit für Zärtlich-
keiten

Gestern war ich beim Friseur. Ich sagte ihm nicht, dass ich gestreichelt werden möchte, sondern dass er meinen Bart stutzen solle. Er machte das mit gewohnter Sorgfalt, er benutzte die Schere, nicht die Maschine, was daran liegen mag, dass ich zurzeit in Marokko bin. Wer einen Bart mit der Schere kürzt, braucht einen Kamm, um die Haare oberhalb der Oberlippe immer wieder herunterzukämmen, damit er ihre Länge checken kann. Das Ganze dauerte etwa zehn Minuten, danach trank ich den Tee, den er mir spendiert hatte. Ich trank ihn langsam und blieb noch auf dem Friseurstuhl sitzen. Für die untere Hälfte meines Gesichtes war das Bedürfnis nach Zärtlichkeit gestillt, aber was machen wir mit dem Rest von mir? «Soll ich Ihnen die Haare waschen?», fragte der Barbier. Gute Idee. Haare waschen ist de facto eine Kopfhautmassage, leider hatte ich sie schon am Morgen selbst schamponiert und sagte deshalb Nein. Ich wollte den wahren Grund meines Besuches nicht zu offensichtlich werden lassen. Ihn hätte das nicht gestört, mich schon. Es wäre ein Eingeständnis von Mangelerscheinungen, und Streicheleinheiten direkt zu verlangen ist nicht cool. Sie sollten nebenbei passieren, als Abfallprodukt eines Friseurbesuchs. Alles andere wäre Prostitution. Und: Ich bin nicht schwul. Trotzdem blieb ich weiter auf dem Stuhl sitzen und trank meinen Tee in kleinen Schlucken. «Wie wäre es mit einer neuen Frisur?», fragte der Barbier. Ich habe lange Haare, schulterlang, was zwei Gründe hat. Zum einen gefällt es mir, zum anderen gefällt es den Frauen, die darunter einen freien Geist vermuten, einen Piraten, einen Revolutionär. Soll ich mir die Kopfbedeckung des Abenteurers wegschneiden lassen, nur damit mich mal jemand berührt? Nein, so weit geht die Laune nicht. Der Barbier schlug deshalb vor, die Spitzen zu schneiden, und das war ein guter Kompromiss. Man bleibt, wie man ist, und wird trotzdem viel gekämmt.

ro
ro
ro

Von A wie «Aus» bis Z wie «Zuhause» gibt Helge Timmerberg seine Einsichten aus dem Beziehungsdasein zum Besten. Dabei erzählt er ungehemmt aus seinem persönlichen Erfahrungsschatz, bringt Allgemeingültigkeiten für jede Situation prägnant auf den Punkt und gibt hilfreiche Tipps fürs Zusammenleben.

Helge Timmerberg, geboren 1952, trampte mit siebzehn zum ersten Mal nach Indien und entschloss sich im Himalaya, Journalist zu werden. Seitdem schreibt er Reise- und Abenteuerreportagen, u. a. für «Stern», «Die Zeit» und das «SZ-Magazin». Bei Rowohlt erschienen auch seine Bücher «Shiva Moon. Eine Reise durch Indien» und «Das Haus der sprechenden Tiere».

Helge Timmerberg

TIMMERBERGS BEZIEHUNGS-ABC

Rowohlt Taschenbuch Verlag

Veröffentlicht im Rowohlt Taschenbuch Verlag, Reinbek bei Hamburg,
Oktober 2009
Umschlaggestaltung ZERO Werbeagentur, München, nach dem Umschlag-
entwurf von Cornelia Niere, München Satz aus der
Plantin PostScript, InDesign, bei Pinkuin Satz und Datentechnik, Berlin
Buchgestaltung Anja Sicka, Hamburg Druck und Bindung
CPI – Clausen & Bosse, Leck Printed in Germany ISBN 978 3 499 62498 8

«Die Zeiten, in denen man kurz mal Zigaretten
holen gehen konnte, um nie wieder zurückzukommen,
sind eigentlich vorbei. Oder rauchen Sie noch?»

A

– wie Aus

A

– wie Aus

A

– wie Aus

A

– wie Aus

A

– wie Aus

A

– wie Aus

A

– wie Aus

A

– wie Aus

A

– wie Aus

A

– wie Aus

Nur wer fähig ist, eine Beziehung zu beenden, sollte auch eine eingehen. Denn die Zeiten, in denen man kurz mal Zigaretten holen gehen konnte, um nie wieder zurückzukommen, sind eigentlich vorbei. Oder rauchen Sie noch? Scherz muss sein, Schmerz auch, manchmal. Wenn zusammengekommen ist, was nicht zusammengehört, und die Jahre es trotzdem zusammengeschweißt haben, mit Gefühlen, Verträgen, Versprechungen, Schwüren, dann tut es weh, damit Schluss zu machen. Und was ist jetzt nicht feige? Die Art, wie es die alttürkischen Nomaden sagten? «Dein Gesicht ist mir wie dein Rücken.» Das genügte, und die Ehe war dahin. Was sagen wir in diesem Fall?

«Schatz, ich brauch jetzt mal ein bisschen Zeit für mich.»

«Kein Problem. Wie lange denn?»

«Na, so 30 bis 40 Jahre.»

Warum kann ich eigentlich bei diesem Thema nicht ernst bleiben? Obwohl es doch ein ernstes Thema ist? Antwort: Es ist zu ernst. Und eigentlich unlösbar. Manchmal muss man für sein Glück einen anderen unglücklich machen, und manchmal zerstört dessen Unglück auch unser Glück. Besser wäre es, wenn beide glücklich auseinandergehen, aber besser wäre es auch, wenn die Wälder nicht stürben und alle Menschen Millionäre wären. Das Leben ist hart, die Liebe ist launisch, und Trennen macht keinen Spaß. Einfacher wird es, wenn man glaubhaft versichern kann, über Nacht schwul geworden zu sein, oder lesbisch, weil das den Stolz des Verlassenen nicht verletzt. Er oder sie ist weiterhin der oder die Schärfste seiner oder ihrer Art, nur steht man halt auf die ganze Art nicht mehr. Das hat was von Künstlerpech. Das geht. Aber worum geht es wirklich? Dass wir anderen nicht wehtun wollen oder darum, dass man den Schmerz des anderen nicht sehen will (Thema: Tränen), also Telefon. Aber Tränen kann man auch hören. Also SMS. Ich würde sagen, der gute alte Brief macht da den besseren Job. Aber ich schwöre, ich kenne Menschen, die schaffen nicht mal das, weil sie sich beim Schreiben das Gesicht von dem vorstellen, der es lesen muss. Darum kommen sie entweder nie auf den Punkt oder schicken den Brief nie ab. Mail wäre eine Alternative, denn Mails sind schneller weg, manchmal auch aus Versehen, aber eine Trennung per Internet hat etwas von einer Trennung per SMS. Zu guter Letzt: Trennungs-Agenturen. Es gibt sie wirklich. Die schreiben IHREN Brief an Ihrer Stelle. Die rufen an Ihrer Stelle an. Die gehen an Ihrer Stelle hin. «Guten Tag, ich komme von der Agentur ‹Hasta la Vista, Baby›, und, äh, es geht um Folgendes …» Das ist zwar auch nicht weniger beleidigend als eine Trennung per SMS, aber Hauptsache ist: Wir haben es getan. Oder könnten es tun. Denn nur, solange eine Beziehung freiwillig ist, nimmt man in Kauf, was sie so alles mit sich bringt, von A bis Z.

B

– wie Bügeln

B

– wie Bügeln

B

– wie Bügeln

B

– wie Bügeln

B

– wie Bügeln

B

– wie Bügeln

B

– wie Bügeln

B

– wie Bügeln

B

– wie Bügeln

B

– wie Bügeln

Es gibt Tage im Leben meiner Freundin, die mag sie besonders: die Wäschetage. Dann wird gewaschen, was das Zeug hält, so weit das Pulver reicht und bis die Sicherung ausfällt. Danach fühlt sie sich wie aus dem Ei gepellt. Nee, noch nicht ganz. Auch die Seele gehört gewaschen an diesen Wäschetagen, und das ist etwas, das ich nachvollziehen kann. Ich meditiere seit vielen, vielen Jahren. Sie auch, aber sie nennt es Bügeln. Erst glaubte ich ihr nicht. Ich glaubte ihr auch nicht, dass sie Mathematik studiert hatte. «Also», sagte sie, «wenn ich jetzt versuche, dir zu erklären, dass Mathematik etwas sehr Schönes, sehr Harmonisches ist, werde ich dann auf fragende Blicke treffen?» Ich bejahte das. «Okay, wie soll ich dir dann das Bügeln erklären – es ist dasselbe wie Mathematik.»

Dasselbe wie Meditation, dasselbe wie Mathematik, vielleicht auch noch dasselbe wie Kung Fu und Tischtennis? Ist Bügeln dasselbe wie alles? Laut meiner Freundin irgendwie schon. Am Anfang konzentriere sie sich auf die Temperatur des Bügeleisens und die damit verbundene Reihenfolge der Wäschestücke. Aber spätestens nach der zweiten oder dritten Wassernachfüllung gehe das automatisch, und dann fange der Spaß an. Die rhythmische Bewegung von rechts nach links (und zurück), das tiefe, konzentrierte, ruhige Atmen, die leichte, angenehme Entspannung im Körper, die dir sagt: Du lebst. Und du funktionierst noch. Die Energie fließt und kreist, und die

Sonne wird morgen auch nicht vom Himmel fallen. Tatsächlich. Genau so hat sie das gesagt. Mit Bügeln bringt meine Freundin primär die Welt wieder in Ordnung. Sekundär meine Hemden. Auch ein schönes Thema. Weiße Hemden. Das universale Kleidungsstück für jeden Anlass und jede Hose. Trägt man es bis zum Bauchnabel offen, fährt man wahrscheinlich auch eine Corvette, ich lasse gern zwei Knöpfe auf, solange das Wetter mitspielt. Das weiße Hemd ist sexy, cool, elegant und professionell, aber all diese Eigenschaften kehren sich in ihr Gegenteil, wenn man es ungebügelt trägt. Jedes verwaschene T-Shirt ist besser als ein zerknittertes Hemd. Darum trug ich lange keine. Erst seitdem ich eine Freundin habe, auf die Bügeln bewusstseinserweiternd wirkt, ist das weiße Hemd in mein Leben zurückgekehrt. Weitere Segnungen des Bügelns sind: Es macht keinen Krach. Und es sieht immer gut aus, wie sie dasteht und mit dem heißen Eisen rummacht. Und manchmal denke ich, es sähe noch besser aus, wenn sie es in Reizwäsche täte. Dann könnte man Bügeln auch Vorspiel nennen.

C

– wie Caritas
(Liebe aus Mitleid)

C

– wie Caritas
(Liebe aus Mitleid)

C

– wie Caritas
(Liebe aus Mitleid)

C

– wie Caritas
(Liebe aus Mitleid)

C

– wie Caritas
(Liebe aus Mitleid)

C

– wie Caritas
(Liebe aus Mitleid)

C

– wie Caritas
(Liebe aus Mitleid)

C

– wie Caritas
(Liebe aus Mitleid)

C

– wie Caritas
(Liebe aus Mitleid)

C

– wie Caritas
(Liebe aus Mitleid)

Alle sagen, dass Liebe aus Mitleid nichts taugt. Dass sie zu nichts führt. Also keinen Sinn macht. Damit haben alle auch irgendwie recht. Denn wie verteilen sich die Unannehmlichkeiten einer solchen Liaison? Der eine wird abhängig, der andere opfert sich. Und wie kommt man da raus? Mit einer einfachen Frage: Wie beweist sich Liebe? Und die Antwort ist: Liebe beweist sich nicht am Korallenriff und an Traumstränden. Sie beweist sich auch nicht beim Filmball. Wo Saus und Braus das Diktat der Stunde sind, kann sich jeder in jeden verlieben. Apropos: Unter dem Honeymoon beweist sich Liebe auch nur sehr bedingt. Um es endlich kurz zu machen: Liebe beweist sich in den schlechten Tagen. Wenn einen das Glück verlassen hat. Oder die Gesundheit. Oder der Verstand. Wer jetzt noch zu dir steht, kann von sich sagen, dass er liebt. Ein paar Beispiele? Keine Sorge. So viele gibt es nicht. Georges Simenon, der Autor von Kommissar Maigret, hatte Welterfolg, ein Schloss und sehr viel Geld. Seine Frau litt unter Depressionen. Er hat sie deshalb nicht hinausgeworfen und 'ne Putzmuntere dafür genommen. Wenn sie in ihre schwarzen Löcher fiel, hat er sich nicht von ihrer Seite bewegt. Er hat mit ihr geschwiegen. Und ihr die Gewissheit gegeben, dass er selbst in die Hölle mit ihr geht. Allerdings, auch das muss man sagen, er hat rechts und links nichts anbrennen lassen. Zu Recht. Wer viel gibt, bekommt viel zurück.

Nun ein Negativbeispiel. Tom Cruise sagt, dass er seine Frau wie irre liebt. Aber nur, wenn sie spätestens drei Monate nach ihrer Schwangerschaft wieder eine Ideal-Taille hat. Damit er mit ihr angeben kann. Er liebt den Neid der anderen Männer mehr als seine Frau. Sonst würde er sagen: «Hey, Katie, entspann dich, schlank bin ich selbst.»

Aber ich schweife ab. Zurück zum Mitleid. Alle sagen, es tauge nicht für die Liebe. Aber der größte Liebende der Christenheit hat sich nur aus Mitleid ans Kreuz schlagen lassen. Und der größte Liebende der Buddhisten hat nur aus Mitleid darauf verzichtet, sich nach seiner Erleuchtung unterm Bodhi-Baum aus dem Staub zu machen. Buddha hat auf die Genüsse des Nirwana verzichtet und stattdessen uns Volltrottel unterrichtet. Wo beweist sich Liebe? In Freud und Leid, gewiss. Aber nicht im Freudenhaus. Es sei denn, die Hure wird unheilbar krank und ihr Zuhälter pflegt sie aufopfernd sein Leben lang.

D

– wie Drama

D – wie Drama
D – wie Drama
D – wie Drama
D – wie Drama
D – wie Drama
D – wie Drama
D – wie Drama
D – wie Drama
D – wie Drama

«Sie hat mir das Herz gebrochen!» Okay, das ist normal. Aber: «Sie hat es mir herausgerissen, drauf herumgetrampelt und dann den Hunden zum Fressen gegeben.» Das ist überzogen. «Ich habe ihm mein Leben geschenkt, und er hat es im Klo versenkt.» Das ist auch überzogen. «Er hat mich betrogen.» (Shit happens). «Er hat damit auch Gott, die Kinder, meine Eltern, die Liebe an und für sich und natürlich auch sich selbst betrogen.» (ÜBERZOGEN!) «Ich kann ohne sie nicht leben.» (Irrtum) «Ich will ohne ihn nicht leben.» (Trotz) «Ich bringe mich um, ich bringe dich um, ich bringe jeden um, der dich anrührt.» (Latino-Gefasel) Oder das, was man für deren Gefasel hält. Ein Engländer hat «Romeo und Julia» geschrieben. Aber er hat sich persönlich niemals wie Romeo entschieden. Shakespeare verstand das Drama ausschließlich als Entertainment. Und zum Drama gehört natürlich auch das Phänomen der großen Liebe. Mehr noch. Sie ist der Flugzeugträger für all die opernhaften Gefühle. Alle Zitate, die oben geschrieben stehen, kann man selbstverständlich auch singen. Das ist besser, als sie herauszuschreien, und sie herauszuschreien ist besser, als sie wimmernd vorzutragen, und sie wimmernd vorzutragen ist besser, als sie mit dem eigenen Blut in einen Abschiedsbrief zu schreiben, und es mit dem eigenen Blut zu tun, ist immerhin noch besser als mit fremdem. Vielleicht mit dem von einem Huhn. Knochen, Federn, Tarotkarten, schwarze Magie, schwarze Psychologie, schwarzer Sex, der großen Liebe ist jedes Mittel recht, auch SM. Die Dramen im Schlafzimmer, Schmerz, Pein, gefesselte Gier. Muss denn das wirklich alles sein? Oder geht es auch ’ne Nummer darunter? Ein bisschen weniger Schicksal und ein bisschen mehr Quantenphysik. Warum nicht von den Neutronen lernen. Die ziehen sich an oder stoßen sich ab und tun ansonsten so, als wäre nichts geschehen. Kein Neutrönchen hat was versprochen, kein Neutrönchen hat was gebrochen, kein Neutrönchen begeht Verrat, weil es entflieht. Die Liebe der Neutronen wird geregelt von dem Magnetismus der ihnen innewohnenden Elektrizität. Die Liebe der Matrosen regelt der Fahrplan ihrer Schiffe, und die Liebe an und für sich verhält sich so: Sie geht gut, solange sie gutgeht, und wenn sie schlecht zu werden beginnt, wird auch wieder alles gut, sobald man sich trennt. Also, wer, zur Hölle, braucht das Drama, frage ich mich.

E
– wie Ehebruch

E
– wie Ehebruch

E
– wie Ehebruch

E
– wie Ehebruch

E
– wie Ehebruch

E
– wie Ehebruch

E
– wie Ehebruch

E
– wie Ehebruch

E
– wie Ehebruch

E
– wie Ehebruch

Der Betrug rettet die Ehe. Ohne ihn wäre sie nicht möglich, weil der Mensch nicht monogam veranlagt ist. Das macht das Abenteuer etwas spießig.

Abgesehen davon gibt es ein paar goldene Regeln. 1. Andere Liebe gibt's nur in anderen Städten. Die Stadt, in der deine Beziehung wohnt, ist tabu. Stellen Sie sich vor, irgendjemand aus dem Freundeskreis Ihres Partners sieht Ihnen beim Seitensprung zu. Hier droht nicht nur Aufdeckung des Betrugs, hier droht vor allem Gesichtsverlust des Betrogenen. 2. goldene Regel: Niemals einen Betrug zugeben. NIEMALS. Wer sich etwas von der Seele reden muss, ist im Beichtstuhl gut aufgehoben, beim Therapeuten, beim Barkeeper, und beim Taxifahrer geht's auch. Einen Betrug zuzugeben erleichtert nur den Betrüger. Das ist unfair. Und hat auch nichts mit Liebe zu tun. Liebe will nicht wehtun, wenn sie nicht muss. Solange es beim Fremdgehen geblieben ist und nicht beim Fremd-Wohnen, Fremd-Einrichten, Fremd-Sehnen, solange es also nur ein Seitensprung war und nicht der Beginn einer Parallelbeziehung, zeugt es entweder von Sadismus oder von Dummheit, den Betrug zuzugeben. Ich lernte das von Leuten, die extrem viel von Seitensprüngen verstehen. Ich habe zwei Jahre in Havanna gelebt und mir den Zirkus angesehen. Kubaner gehen ständig fremd und geben es niemals zu. Das ist ziemlich schlau. Alle sind immer befriedigt, und niemand verliert das Gesicht. Für den Fall, dass durch blöde Umstände trotzdem die Wahrheit ans

Licht kommt (in flagranti, Geständnisse unter Alkoholeinfluss etc.), haben sie die 3. goldene Regel: Der Betrogene darf sich einen Monat lang rächen. In der Regel zieht er sich zurück, verschwindet, ist unauffindbar, er geht auch nicht ans Telefon. Sein Freundeskreis schottet ihn ab. Gut, man kann Botschaften über die Freunde ausrichten lassen. Botschaften devoter Natur. Wie sehr es uns leidtut, wie sehr wir bereuen, wie sehr wir plötzlich lieben, wie verzweifelt wir sind. Einen Monat lang, und auch nur, wenn diese Botschaften nicht abreißen, erst dann kommt der Betrogene zurück. Erst dann sind sie quitt. Andere Länder, andere Strafen. In Südostasien schenkt man sich den Monat Liebesentzug und zahlt stattdessen dem Betrogenen Schmerzensgeld, häufig in Form von Naturalien (Pelze, Perlen, Edelsteine). Aber auch Cash ist üblich, bis zu fünf Millionen Dollar kostet ein Seitensprung in Hollywood. Bleiben wir auf dem Teppich. Hören wir auf die Queen. Elisabeth II. hat für mein Dafürhalten das bisher Beste zu diesem Thema gesagt. Der Seitensprung ist nicht wichtig. Was zählt, ist Loyalität. Der Partner muss immer wissen, dass er die Nummer 1 ist. Und der Seitensprung muss immer wissen, dass er keine Rechte hat. Bis auf das Recht an einem Maximum an Vergnügen im Hier und Jetzt.

F

– wie Freunde

F – wie Freunde
F – wie Freunde
F – wie Freunde
F – wie Freunde
F – wie Freunde
F – wie Freunde
F – wie Freunde
F – wie Freunde
F – wie Freunde

Freunde sind die natürlichen Feinde jeder Beziehung. Das ist doch ganz klar. Und das stimmt auch für Freundinnen. Was gibt es Schlimmeres als die beste Freundin einer Frau, die man liebt? Sie setzt ihr grundsätzlich nur Flausen in den Kopf. Sie ist immer in Opposition zu dir. Und wenn deine Frau daran denkt, sich von dir zu trennen, benutzt sie ihre Freundinnen wie Soldaten, wie kleine, aber effektive Kampfeinheiten, wie eine Mauer, wie eine Kugelweste. Und glaub nicht, dass die Stimme des Herzens so etwas durchdringt wie Butter. Auch Freunde und Freundinnen haben Zugang zum Herzen deines Partners. Meistens sogar einen deutlich älteren Zugang. Wir leben in einer Zeit, in der Freundschaften länger halten als Ehen und eheähnliche Verhältnisse. Freunde wissen viel. Nicht alles, aber mehr als der Partner auf jeden Fall. Nicht nur, weil sie uns länger kennen, sondern auch und vor allem, weil es ihre Funktion ist. Freunden erzählt man (fast) alles. Und was erzählt man dem, mit dem man zusammenlebt?

(Platz für Ihre persönliche Antwort).

Und noch 'ne Frage. Was macht man eigentlich mit natürlichen Feinden? Wie kriegt man die in den Griff? Ich kenne drei klassische Strategien. Die erste ist der plumpe Kampf, das Schlechtreden, das Aufrechnen, wer mit wem mehr Zeit verbringt, wer mit wem mehr Spaß hat, solche Sachen, und dann der Showdown, das Entscheidungen-Verlangen, der Freund oder ich. Das bringt natürlich gar nichts, das drängt die Freundschaft in eine Art Illegalität, in der sie noch weniger kontrollierbar ist als vorher. Die zweite Strategie ist das exakte Gegenteil der ersten. Die Vereinnahmung. Die Umgarnung. Die Komplizenschaft. Das bringt schon bessere Resultate, aber am wirkungsvollsten ist und bleibt die Strategie Nummer drei. Der Seitensprung mit dem besten Freund deines Mannes oder der besten Freundin deiner Frau. Das beendet deren Freundschaft auf der Stelle. Denn die Ehe hält einen Betrug aus. Die Freundschaft nicht.

G

– wie Gute Getränke

G – wie Gute Getränke
G – wie Gute Getränke
G – wie Gute Getränke
G – wie Gute Getränke
G – wie Gute Getränke
G – wie Gute Getränke
G – wie Gute Getränke
G – wie Gute Getränke
G – wie Gute Getränke

Ein ganz normaler Samstag. Nichts Besonderes, wenn man seit vier Jahren zusammen ist. Routinemäßig geplant war ein netter Fernsehabend in Freizeitkleidung. Hausmannskost und ein bisschen Wein. Gegen 21 Uhr bekam ich Lust darauf, einfach mal unverbindlich rauszugehen und vernünftige Getränke zu probieren. Sie willigte ein. Wohin? Ich machte drei Vorschläge. Der dritte überraschte sie. Die Bar, in der wir uns kennengelernt hatten. Der Tatort des ersten Kusses. Trotzdem hatte die Idee keine tiefere Bedeutung. Es war keine Absichtserklärung, was die Beziehung betraf. Es gab auch keinen Jahrestag zu feiern. Ich hatte einfach nur drei Bars genannt, von denen ich wusste, dass sie siebenjährigen Rum der Marke Havanna Club ausschenken. Ich nahm einen doppelten, pur, ohne Eis, sie bestellte die Damenversion. Weil man an einem Caipirinha länger hängt als an meinem Lieblingsgetränk, bestellte ich noch einen doppelten Havanna Club dazu. Anschließend gingen wir in der Großstadt spazieren. A la Caje, wie der Kubaner sagt. Nächste Station: ein libanesischer Imbiss. Kennen Sie den Unterschied zwischen groß (und offiziell) essen gehen oder in einem orientalischen Imbiss mit ’ner Falafel stehen, und dauernd kommen gutgelaunte Jungs mit Kampfhunden rein? Das Erste ist romantisch, das Zweite sexy. Irgendwas ist los mit dieser Nacht. Und: Warum nicht tanzen gehen? Und warum nicht in die Diskothek, in der wir zum ersten Mal zusammen getanzt haben? Sie ist gleich um die Ecke. Eine brasilianische Lokalität. Also wieder Caipirinha und jetzt auch für mich, und dieses Übermaß an Alkohol und Zucker ging fast wie eine Injektion ins Blut. Auch die Musik war gut. Eine Mischung aus Samba und Reggae. Wir tanzten völlig unverkrampft so etwa zwei Stunden lang, und ich denke, für alle anderen hat's ausgesehen wie der Tanz eines frisch verliebten Paars, aber wir waren eigentlich nur wieder mal frisch verliebt in die Musik und in die Möglichkeiten des unverbindlichen Feierns. Alles hat seine Vor- und Nachteile. Die Nachteile einer langjährigen Beziehung haben damit zu tun, dass Abende wie dieser hier viel zu selten passieren, aber wenn sie geschehen, kommen die Vorteile zum Tragen. Dann geht alles ruck, zuck! und ohne dass viel rumgefackelt wird. Taxi zum Bett. Wir fielen übereinander her, sobald die Wohnungstür geschlossen war. Und jetzt sag ich nicht mehr, es war wie beim ersten Mal. Weil es besser war als der Sex eines frisch verliebten Paars. Und das lag a) daran, dass man sich inzwischen ein bisschen besser kennt, und b) natürlich am guten Getränk.

H

– wie
Herrgott nochmal!

H – wie Herrgott nochmal!
H – wie Herrgott nochmal!
H – wie Herrgott nochmal!
H – wie Herrgott nochmal!
H – wie Herrgott nochmal!
H – wie Herrgott nochmal!
H – wie Herrgott nochmal!
H – wie Herrgott nochmal!
H – wie Herrgott nochmal!

Herrgott nochmal, ich hasse diesen Buchstaben. Seit Tagen versuche ich, ihm ein für Beziehungen relevantes Thema zuzuordnen, und schaffe es nicht. Es gab ein paar Ideen, aber sie versandeten schnell im Nichts. Ein paar Beispiele? H – wie Hunde (als Kinderersatz), H – wie hyperventilieren (Gefahren des vorgetäuschten Orgasmus), H – wie Horror (Beziehungen, die keine sein sollten), H – wie Heimarbeit (Beziehungsleben ohne die Gegenwelt Büro), H – wie Haschisch (wenn Drogen wichtiger als der Partner werden), H – wie Hau mich (SM-Beziehungen), und jetzt höre ich auf, weil das hier ohne Ende so weitergehen könnte (H – wie Horoskope, H – wie heimlich, H – wie Heim und Herd), es gibt unendlich viele Möglichkeiten, unser Beziehungsleben an diesem Buchstaben anzudocken, aber nur eine drängt sich wirklich auf. Und DAS will ich nicht. Weil ich bei dem Thema NUR mit Panik, Flucht und Suizidgedanken reagiere. H – wie heiraten! Herrgott nochmal, ich will es nicht, habe es nie gewollt und werde es auch in Zukunft nicht wollen. Das Thema wirkt wie eine schlechte Droge auf mich. Paranoide Halluzinationen. Tatort: Traualtar. «Willst du, mein Sohn, aus freien Stücken lebenslang ins Gefängnis gehen und deine Strafvollzugsbeamtin lieben, ehren und ernähren? Willst du durch gute Führung Freigang und Hafturlaub erbetteln? Willst du deine Freunde nur zu den offiziellen Besuchszeiten sehen? Willst du das, dann antworte mit: Ja. Und jetzt dürft ihr die Handschellen tauschen.» Herrgott nochmal, hat der ’nen Knall? Will der mich verarschen? Hält der mich für geisteskrank? Ich will keinen Mühlstein am Ringfinger, keinen Flirtableiter, keinen Spaßverderber. Ich will nicht permanent und ungefragt den Frauen dieser Welt zeigen, dass ich nicht mehr zu haben bin. Ich will es nicht, ich kann es nicht, lieber werde ich schwul. Noch lieber würde ich beim Altbewährten bleiben. Also H – wie heiraten ohne Trauschein oder H – wie halb und halb (eine Beziehung, zwei Wohnungen) oder H – wie heimliche Ehe. Da kenne ich mich aus. Da kann ich atmen. Da kann ich Zigaretten holen gehen ohne den Wunsch, immer weiter zu gehen, egal wohin, Hauptsache immer weiter, Minimum: sieben Jahre lang. H – wie Hau ab.

I

– wie Intimitäten

I

– wie Intimitäten

I

– wie Intimitäten

I

– wie Intimitäten

I

– wie Intimitäten

I

– wie Intimitäten

I

– wie Intimitäten

I

– wie Intimitäten

I

– wie Intimitäten

I

– wie Intimitäten

Auch in einer intimen Beziehung gibt es Intimitäten, die ich nicht mit der Partnerin teilen möchte. Zum Beispiel die Zahnbürste. Das hat nicht mal damit zu tun, dass ich Vegetarier bin und meine Freundin nicht. Das ist eher ein grundsätzlicher Respekt vor Speiseresten, die nicht die meinen sind. Nun kann man natürlich einwenden, dass mir beim Küssen solche Bedenken auch nicht kommen. Das stimmt. Aber es geht hier nicht um Bedenken, sondern um Instinkte. Das sitzt tief drin. Apropos sitzen. Auf der Toilette sitze ich ebenfalls gern mutterseelenallein. Und gehe auch nicht rein, wenn sie drauf sitzt. Keine Frage der Hygiene dieses Mal, sondern eher eine Frage der Würde. Der Ehre. Des Respekts. Ich habe innere Bilder von meiner Freundin. Wie sie geht, wie sie lacht, wie sie tanzt, wie sie weint, wie sie singt. Aber wie sie «Aa» macht, gehört nicht dazu. Auch nicht, wie sie ein Kind bekommt. Ich meine nicht die Schwangerschaft, sondern die Geburt. Ich habe drei Kinder, und bei allen war ich bei der Geburt dabei. Wir hatten gute Gründe dafür, der Zeitgeist war mit uns, heute würde ich es nicht mehr tun. Wer sieht, was seine Frau bei einer Geburt durchmacht, wird das so schnell nicht mehr vergessen. Auch nicht beim Sex. Was den Sex erheblich stört. Kommen wir zur Intimität des Tagebuchs. Ich schreibe keins, weil ich sowieso zu viel schreibe, aber mal angenommen, ich begänne doch mal irgendwann damit, eins zu führen – niemals würde ich es in der gemeinsamen Wohnung deponieren. Es ist nun mal wissenschaftlich erwiesen, dass Frauen wie triebhaft die Tagebücher ihrer Männer suchen. Und finden. Und lesen. Dasselbe gilt für den privaten Briefverkehr, was allerdings mehr und mehr ein Thema von gestern wird, heute nennt man es die Intimität des Internets. Also Finger weg von meinem Mailaccount. Besser noch: Ich verrate ihr mein Passwort nicht. «My Yahoo is my castle.» Warum eigentlich? Habe ich so viel zu verbergen? Nein, soviel ich weiß. Aber es geht hier um ein Menschenrecht. Wir haben ein Recht auf Geheimnisse. Und wenn wir keine Geheimnisse haben, dann haben wir das Recht auf einen Ort, wo wir Geheimnisse hüten könnten. Und die Moral von der Geschicht: Es gibt Intimitäten, die einer Beziehung nützen, weil sie lustvoll sind (Sex), es gibt Intimitäten, die eine Beziehung vertiefen, weil sie schmerzvoll sind (Tränen), aber darum ging es mir hier nicht. Mir ging es um die Intimität des Ich. Ohne die keine Beziehung möglich ist.

J

– wie Ja

J

– wie Ja

J

– wie Ja

J

– wie Ja

J

– wie Ja

J

– wie Ja

J

– wie Ja

J

– wie Ja

J

– wie Ja

J

– wie Ja

«Ja» gehört zu den kürzesten Wörtern überhaupt. Kürzer geht's nicht. Das Nein ist doppelt so lang. Und das Jein ist die ganz lange Bank, das Ewiglang, weil ohne eine Entscheidung nichts weitergeht, nichts verändert wird, keine Entwicklung möglich ist und damit keine Erkenntnis, nicht mal die, ob es geht oder nicht, ob es Sinn oder Unsinn ist, Liebe oder Hass. Also «Ja». Es hat Kraft. Es bewirkt Wunder. Es ist beliebt. Es ist mutig, konsequent, magisch fast. Ein «Ja» kann Berge versetzen und Kinder kriegen, es macht Hütten zu Palästen und Regentage zu Kuschelpausen im Bett. Wunderbar, dieses Wort, diese Lebenseinstellung, diese Planungssicherheit. Aber was ist, wenn das «Ja» ein Irrtum war? Oder nicht ehrlich? Oder unbedacht? Oder zu schnell gesagt? Ich kenne eine Frau, die hat zu einem Mann «Ja» gesagt, als sie ein bisschen getrunken hatte. Nachdem sie wieder nüchtern war, sah sie die Dinge in einem anderen Licht, aber ihr Wort brechen konnte sie nicht. Da stand die Erziehung dagegen, eine sehr christliche nebenbei. Also blieb sie beim «Ja», etwa 17 unglückliche Jahre lang. Er betrog sie, er schlug sie, er war dauernd weg, er bekam Kinder mit anderen Frauen, trotzdem verließ sie ihn nicht, trotzdem blieb sie beim «Ja», bei diesem Scheiß-Ja von anno dazumal, erst als ihre Tochter erwachsen und aus dem Haus war, ließ sie sich scheiden und nahm wieder ihren Mädchennamen an. Aber sie war kein Mädchen mehr. Sie hatte die besten Jahre einer Frau einem Ja geopfert, das aus einer beschwipsten Laune kam.

Natürlich ist das ein extremer Fall. Häufiger kommt das «Ja» aus einer mächtigen Emotion, aus einem großen Gefühl. Das währt selbstverständlich länger als eine Laune, aber auch das große Gefühl währt nicht ewig. Und dann? Gefühl weg. Versprechen weg. Also ja zum «Ja» auf ewig, auch wenn es längst kein «Ja» mehr ist? Das Oberhaupt der tibetischen Buddhisten rät das nicht. Der Dalai Lama hat 19 Gebote für ein glückliches Leben aufgestellt. Das 13. lautet: «Wenn du mit einem geliebten Menschen streitest, bezieh dich immer nur auf die gegenwärtige Situation. Bring nicht die Vergangenheit hoch.» Wie ich das verstehe? Ganz einfach. Es gibt nur ein Ja, das zählt. Das Ja zum Jetzt.

K – wie Kaufzwang

K – wie Kaufzwang
K – wie Kaufzwang
K – wie Kaufzwang
K – wie Kaufzwang
K – wie Kaufzwang
K – wie Kaufzwang
K – wie Kaufzwang
K – wie Kaufzwang
K – wie Kaufzwang

Sie will morgen zu Ikea. Das ist nicht das Problem. Sie will mit mir zu Ikea. Obwohl sie genau weiß, wie ich auf so was reagiere. Ikea, Baumarkt, Einkaufszentren auf der grünen Wiese. Jedes Mal, aber wirklich jedes Mal, verschleiert sich meine Seele schon auf dem Parkplatz, ach was, schon auf der Stadtautobahn. Und um ganz ehrlich zu sein: Es beginnt schon jetzt, am Abend zuvor. Morgen werde ich durch ein Labyrinth von Regalen gehen, komplett ziellos, einfach nur hinter ihr her. Schlechte Luft, tausend Möbel, kein Service, aber eine euphorisierte Freundin, die aus irgendeinem Grund das Einkaufen bei Ikea kreativer findet als den Bummel zum Fachgeschäft um die Ecke. Ich werde es für sie tun, also aus Liebe, aber reicht dieser Ansatz auch für alles, was dann kommt? Für die elende Schrauberei, das Gebohre, Hämmern und Getobe? Die Wohnung wird Werkstatt, Bretter liegen herum, und wehe, wenn ich nicht helfe. So weit dieses Verhaltensmodell. Jetzt das alternative: Ich sage nein, ich werde nicht tun, was ich nicht tun will. Ich fahre nicht mit. Und du fährst auch nicht. Wir kaufen nichts, wir brauchen nichts, und jetzt lass mich in Ruhe. Wird sie dann auch noch, wie gerade eben, lächelnd eine Tasse heiße Gemüsebrühe für mich auf den Schreibtisch stellen? Ganz sicher nicht. Nicht morgen Abend und übermorgen Abend vielleicht auch nicht. Was wiegt schwerer? Der Gang zu Ikea und die handwerklichen Konsequenzen oder ihre schlechte Laune? Man kann die Frage auch noch ein bisschen präzisieren. Was wiegt schwerer? Meine schlechte Laune oder ihre? Für mich ist das keine ganz einfache Frage. Sie ist wie ein Schlitz, der zum Schlund wird, zum Abgrund, zum freien Fall. Egal wer sauer wird, er steckt den anderen damit an. Gibt es einen Königsweg? Es gibt immer einen, aber mir fällt keiner ein. Ich mache nur unbewusst das Richtige. Ich erzähle ihr, dass ich das Ikea-Problem in meinem Buch thematisiere, und erst sagte sie «gemein», und dann fällt ihr die Lösung ein. Einfach so. Sie fährt mit ihrer Freundin. Ich kann zu Hause bleiben. Ich muss nicht einmal beim Tragen helfen. Warum das plötzlich alles möglich ist? Warum wohl? Sie will in der Öffentlichkeit als opferbereit dastehen. Ja, denke ich, das ist der Königsweg. Langsam macht mir das Buch Spaß.

L

– wie Liebe

L
– wie Liebe
L
– wie Liebe
L
– wie Liebe
L
– wie Liebe
L
– wie Liebe
L
– wie Liebe
L
– wie Liebe
L
– wie Liebe
L
– wie Liebe

Liebe ist, wenn es trotzdem weitergeht, immer weiter, weil man von Jahr zu Jahr besser versteht, warum es eigentlich nicht gehen kann. Frau und Mann. Oder du und ich. Oder Ego und Ego in einer Welt voller Unverträglichkeiten, und das Heim ist immer zu klein für so viele Ecken und Kanten. Liebe ist, wenn man sich deshalb nicht ändern will und auch vom anderen nicht verlangt, dass er anders wird, weil das a) noch niemandem gelungen ist und b) zu oft zu Krankheiten führt. Nein, Liebe ist, wenn man sich arrangiert. Sagte neulich mein Freund Tim. Seine Freundin trinkt. Er kifft. Es dauerte Jahre, bevor er verstand, dass sie sich eigentlich ganz gut verstanden. Nur ihre Drogen verstanden sich nicht. Liebe ist, wenn dann die Liebe zur Liebe größer ist als die Liebe zu schlechten Angewohnheiten, oder nicht? Ja, sagte Tim, das ist der vernünftige Weg, aber nicht der Weg für ihn. Sein Weg ist das Arrangement. Wie es im Einzelnen aussehen wird, weiß er noch nicht, aber er weiß jetzt wenigstens, woran es liegt, dass sie ihm am Tag gefällt und am Abend auf die Nerven geht. Der Feind ihrer Beziehung ist enttarnt, er ist immer noch stark, aber nicht mehr so stark, wie er als Unsichtbarer war. Man hat eine Chance gegen ihn. Liebe ist, wenn man jede Chance wahrnimmt. Warum? Wofür? Vielleicht für eine Zukunft, in der man gern auf die gemeinsame Vergangenheit zurücksieht. Oder noch wichtiger: für eine Zukunft, in der man nicht allein ist. Je älter man wird, desto erniedrigender wird der Lifestyle des Singles. One-Night-

Stands in Pensionistenkreisen waren noch nie und werden auch nie Trend. Die Freunde werden ebenfalls weniger. Liebe ist für Sex, Zärtlichkeiten und gute Gespräche also die Altersversorgung schlechthin. Leider kenne ich persönlich nur zwei, bei denen das geklappt hat. Nein vier. Mütterlicher- wie väterlicherseits haben es meine Opas und Omas geschafft, ihre Liebe durch zwei Weltkriege, eine Weltwirtschaftskrise und sechs Jahrzehnte zu kriegen. Das stimmt für die meisten Omas und Opas, an die man so denkt. Was hatte ihre Generation, was wir nicht mehr haben? Ich würde sagen, es war die Unschuld ihrer Zeit in Beziehungsfragen. Sie kannten noch nicht die 70er, 80er, 90er Jahre, die sexuelle Revolution, den Yuppie und das Phänomen des Dink (Double Income, No Kids). Auch die Liebe in den Zeiten der Globalisierung (Stichwörter: Mobilität, Flexibilität) war ihnen fremd. Wir können das Rad nicht zurückdrehen, das stimmt. Wir können uns nur arrangieren. Dann arrangiert sich die Liebe mit. Also Fernbeziehung, Telefonsex, gemeinsames Frühstück via Skype und Internet. Weil die Liebe will, dass es weitergeht.

M

– wie Mieder

M – wie Mieder
M – wie Mieder
M – wie Mieder
M – wie Mieder
M – wie Mieder
M – wie Mieder
M – wie Mieder
M – wie Mieder
M – wie Mieder
M – wie Mieder
M – wie Mieder

Das Fachgeschäft ist etwa zehn Minuten zu Fuß entfernt. Trotzdem sind wir nicht jeden Tag da. Aus Kostengründen. Und einfach nur window shopping geht in diesem Fall nicht. Mieder sind nicht unverbindlich. Sie haben magische Anziehungskraft auf sie. Auf mich. Aus unterschiedlichen Gründen allerdings. Sie liebt die Schachteln in dem Geschäft. Bis zur Decke gestapelt, auf dem Boden, auf jedem Tisch. Alte Schachteln, schöne Schachteln, vielversprechender Karton, geheimnisvoll, verführerisch, märchen- und mädchenhaft. Auch ein bisschen königlich. So haben Sissi eingekauft und Marie Antoinette. Also, sie liebt die Kartons, und ich liebe, was drin ist? Nein, so ist es nicht. Obwohl meine Freundin in einem Jahr geboren wurde, in dem die Abschaffung des BHs zur Diskussion stand sowie die Kriminalisierung von Korsagen, hat sie die Dinge in den Schachteln sehr gern. Und zieht sie auch sehr gern an. Der Trick der Sünde ist die Liebe zur Qualität. Nur Materialien, die man nirgendwo sonst fühlen kann als auf dem Bein einer Frau oder in ihrer Taille, Stoffe, die wie eine Droge wirken, durch die Haut konsumiert. Das fühlt sich gut an. Das sieht gut aus. Ohne Diät, ohne Fettabsaugen, ohne Messer und Schlauch zur Idealfigur. Das braucht nur Schnüre. Und jemanden, der schnürt. In diesem Fall mich. Ganz einfach war das nicht. Sie hielt sich dabei in der Badezimmertür fest. Anschließend gingen wir zum Mexikaner, latino à la carde und à la musica, von Salsa bis Shakira, das ganze Programm. Kerzen auf den Tischen, Flaschen an der Bar, essen, trinken, rauchen, Geschichten, und der ganze Laden sah sie an. Es soll Männer geben, die auf so etwas mit Eifersucht reagieren. Ich kann diese Männer nicht verstehen. Mir schmeckt das Essen besser, wenn es mit einem bisschen Neid gewürzt ist. Und ihr schmeckt's besser, wenn ich stolz auf sie bin. Die Win-win-Situation schlechthin. Sie fühlte sich «wie beim ersten Mal», und ich fühlte mich «wie ein Mann, der seine Freundin gerade mit seinem Traum von ihr betrügt». Das ist dasselbe. Oder nicht?

N

– wie Nein

N
– wie Nein
N
– wie Nein
N
– wie Nein
N
– wie Nein
N
– wie Nein
N
– wie Nein
N
– wie Nein
N
– wie Nein
N
– wie Nein

Ein gemeines Wort. Es tut der Frage weh, die auf Bejahung aus war. «Liebst du mich?» – «Nein.» Das geht ja nicht. Auch wenn es stimmt. Jedenfalls für den Moment. Niemand liebt immer. Ausnahmen bestätigen die Regel, aber viele sind's nicht. Ein paar Erleuchtete, ein paar Götter, der Rest der Menschheit ist wie du und ich. Mal liebt man, mal hasst man, mal fühlt man gar nichts, mal will man einfach nur allein in die nächste Kneipe gehen. «Willst du, dass ich mitkomme?» – «Nein.» Auweia, und dann das Gesicht. Traurig oder beleidigt. Beides will man nicht. Also doch lieber «ja, natürlich nicht ohne dich», und was das bringt, ist klar. Es bringt nichts. Da wechselt nur das Gesicht. Von ihr zu mir. Einer ist immer traurig oder beleidigt, wenn einer allein sein will und der andere nicht. So beginnen schlechte Abende. Für beide. Ein klares «Nein» hätte die Zahl der Schlechtgelaunten in unserer Beziehung um fünfzig Prozent reduziert. «Nein» ist ein Zauberwort. «Nein» ist ein Schwert. «Nein» ist eine Tür, die man überall mitnehmen und überall zuschlagen kann. Ein Segen. Eine Erlösung. Ein Wort der Macht. Pest und Verderben bringt es dagegen, wenn man es unüberlegt sagt. Wenn es nicht ausdiskutiert ist. Zwischen Herz und Verstand, Bauch und Sexualorganen. In Beziehungsfragen reden alle vier für gewöhnlich mit, und nicht immer sind sie einer Meinung. Was ist, wenn das «Nein, ich will nicht mit dir sein» ein «Nein» der Vernunft gewesen ist? Dann kann's passieren, dass man dieses «Nein» den Rest seines Lebens bereut, verflucht, beweint. Weil man mit einem gebrochenen Herzen durchs Leben geht, an Theken sitzt, vor Gläsern meditiert, in Betten liegt, allein fernsehen, allein trinken, allein dies und das, und alles ist nichts ohne dich. Na ja, vielleicht ist «nichts» übertrieben. Vielleicht ist «halb so schön» richtig. Oder «halb so schrecklich». Und was sagen die, denen das passiert ist, zu jemandem, der sie nach einem Rat fürs Leben und die Liebe fragt? «Sag niemals nein zu deinem Herzen.»

O

– wie Offensichtlicher Blödsinn (eine Liste)

O – wie Offensichtlicher Blödsinn (eine Liste)
O wie Offensichtlicher Blödsinn (eine Liste)
O – wie Offensichtlicher Blödsinn (eine Liste)
O – wie Offensichtlicher Blödsinn (eine Liste)
O – wie Offensichtlicher Blödsinn (eine Liste)
O wie Offensichtlicher Blödsinn (eine Liste)
O – wie Offensichtlicher Blödsinn (eine Liste)
O – wie Offensichtlicher Blödsinn (eine Liste)
O – wie Offensichtlicher Blödsinn (eine Liste)

1. Dass man auch die Freunde des Partners mögen muss.
2. Noch schlimmer: dass man auch seine Feinde hassen muss.
3. Dass man bei jedem Abschied, und sei es nur für einen halben Tag, sagen muss: «Ich liebe dich.»
4. Noch schlimmer: Dass man nach jedem «Ich liebe dich» sofort sagen muss: «Ich liebe dich auch.»
5. Dass man sein Handy nie ausstellen darf. Und erklären muss, warum man es ausgestellt hat. Und die Zeit, in der es ausgestellt war, nachträglich minutiös zu dokumentieren hat.
6. Eine Partnerschaft als Umschulung verstehen. Zum Beispiel: Detektiv werden leichtgemacht.
7. Verhöre statt Gespräche.
8. Kinder statt Haustiere.
9. Haustiere statt Kinder.
10. Teure Scheidungen. Dem Partner übermotorisierte Fahrzeuge mit schlechter Kurvenlage zu schenken kommt billiger. Englische Aristokraten schwören hier auf Oldies, zum Beispiel den Jaguar E.
11. Paartherapie. Wenn ein Kinofilm zu Ende ist, geht man ja auch nicht zum Therapeuten.
12. Der Spruch: «Ich habe die beste Frau der Welt.» Korrekt ist: «Ich habe die beste Frau, die ich kriegen konnte.»
13. Das gilt auch für den «besten Mann» der Welt.
14. Den Partner ändern wollen. Noch schlimmer: Genau

die Dinge ändern wollen, in die man sich mal verliebt hat.

15. Kosenamen. «Schatzi, gib mir ein Schmatzi.» – «Mausi, mach mal Pausi.»
16. Beim Anblick von Latinos schwören müssen, man stünde ja gar nicht auf geile Körper, Temperament und super Sex.
17. Jederzeit und an jedem Ort auf Anruf sagen müssen, was man gerade denkt. (Die Gedanken sind frei.)
18. Zwei Süchtige, die gemeinsam clean werden wollen.
19. Nur ein Bett. (Schadet dem Sex.)
20. Nur ein Fernseher. (Schadet dem häuslichen Frieden.)
21. Aber zwei Autos. (Schadet der Umwelt.)
22. «Ich brauche dich» mit «Ich liebe dich» verwechseln. Denn nehmen ist nicht geben.
23. Den Partner an dessen Arbeitsplatz besuchen.
24. Sich selbst für informativer halten als die Morgenzeitung.
25. Kuscheln statt Sex als reife Leidenschaft bezeichnen.
26. Der Satz: «Wir haben miteinander geschlafen.» Man sagt ja auch nicht zum Autofahren «ankommen».
27. Der Glaube, dass nach dem Happy End das Leben problemlos wäre. Das Gegenteil ist der Fall. Nach dem Happy End fängt die Beziehung an.

P

– wie Pannen

P

– wie Pannen

P

– wie Pannen

P

– wie Pannen

P

– wie Pannen

P

– wie Pannen

P

– wie Pannen

P

– wie Pannen

P

– wie Pannen

P

– wie Pannen

P

– wie Pannen

John, ein Freund von mir, lebt seit 20 Jahren in London mit seiner Frau und ist ihr aus verschiedenen Gründen total treu. Zum einen, weil er irisch und katholisch ist, zum anderen, weil er nicht so gut aussieht. Außerdem liebt er seine Frau. So standen die Dinge 20 Jahre nach ihrer Hochzeit in Südwales. Dann besuchte John mich. Ich lebte zu diesem Zeitpunkt auf Kuba. Und John kam allein. Als ich ihn vom Flughafen abholte, sagte er: «Hör mal, Helge, eins ist ganz klar. Ich bin nicht wegen der Kubanerinnen gekommen. Also bemüh dich nicht. Ich fasse keine an.» Mir war bewusst, dass er das ernst meinte. John ist Idealist. Er glaubt noch an die kubanische Revolution, Castros Genie und glückliche Orangen. Er wollte mit Genossen sprechen und Zuckerrohr-Kommunen inspizieren. Die besten Schulen, die besten Krankenhäuser, die beste Musik in ganz Lateinamerika, an solche Sachen dachte John, als er nach Kuba kam. Nicht an den besten Sex. Und er hatte, wie gesagt, noch nie seine Frau betrogen und würde es auch jetzt nicht tun, und ich sagte, na klar, kein Problem, ihr Iren seid willensstark, und die Kubanerinnen sind sowieso hässlich wie die Nacht und völlig verklemmt, aber im Stillen habe ich gedacht, dass ich ihm etwa eine Stunde gebe. Nach einer halben Stunde waren wir bei mir zu Hause und stellten seine Koffer ab. Zehn Minuten darauf gingen wir eine Straße hinauf, in Richtung eines illegalen Restaurants. Vier Mädchen kamen uns entgegen. Und hielten bei uns an. Drei von ihnen kannte ich. Tänzerinnen aus dem Kabarett «Nocturno». Die hatten auch Hunger. Zu Tisch hatte eine der drei Tänzerinnen John bereits dermaßen eingeturtelt, dass sie nur noch Hand in Hand nebeneinandersaßen und, um es kurz zu machen, nach dem Essen fragte mich John verschämt, verstört und verdorben, ob ich Präservative zu Haus hätte. Am nächsten Morgen war John verliebt. Schauplatz des Geschehens war eine Stadt im Osten der Insel namens Holguin. Weil wir noch am selben Tag die Stadt verließen, um nach Havanna weiterzufliegen, wurde das junge Glück abrupt unterbrochen. In Havanna fasste John keine Frau an, weil er jetzt der Tänzerin aus der Provinz treu war. So ging die Woche dahin, und alles in allem ist er mit dem einmaligen Ehebruch in Kuba noch ganz gut davongekommen. Ein kleiner Ausrutscher, eine verzeihbare Niederlage des guten Willens. Und er hatte nicht vor, seiner Frau davon zu berichten. Daheim in London ging es dann folgendermaßen weiter. Zwei Tage, oder war es nur ein Tag, nach seiner Rückkehr begann seine Frau, über ein ihr fremdes Jucken in den Schamhaaren zu klagen. Und fand diese kleinen Tierchen, wie heißen sie doch gleich? Krätze? Filzläuse? Sackratten? Und wie heißen sie auf Englisch? Sie sind nicht gefährlich, sie töten nicht, sie machen nicht mal krank. Aber sie jucken zum Gotterbarmen und werden NUR durch Geschlechtsverkehr übertragen. Und: Präservative kümmern sie nicht. Das nennt man dann die klassische Panne.

Q

– wie Qualitätsbeziehung

Q
– wie Qualitätsbeziehung
Q
…ie Qualitätsbeziehung
Q
– wie Qualitätsbeziehung
Q
– wie Qualitätsbeziehung
Q
– wie Qualitätsbeziehung
Q
…wie Qualitätsbeziehung
Q
– wie Qualitätsbeziehung
Q
– wie Qualitätsbeziehung
Q
– wie Qualitätsbeziehung

Neulich las ich, dass Carlo Ponti gestorben ist. Großer Filmproduzent, großer Ehemann. Obwohl er kleiner war als seine Frau. Und älter. Und hässlicher. Na ja, hässlicher zu sein als Sophia Loren war nicht schwer. Jeder andere Mensch auf diesem Planeten war hässlicher als sie. Die schönste Frau der 60er und 70er Jahre hatte den wahrscheinlich hässlichsten Italiener geheiratet, den sie kriegen konnte. Auch den reichsten?! Dann wäre es wieder mal nur die alte Geschichte von heilig gesprochener Prostitution (Titel: Schönes Geld trifft schöne Frauen). Oder die fast genauso alte Geschichte von der Besetzungscouch (Titel: Wenn Sofas reden könnten). Aber nein, so war es nicht. Die blutjunge Schauspielerin traf auf den mächtigen Filmmogul und verliebte sich nicht in sein Geld und nicht in seine Macht, sondern in ihn. Vielleicht hat sie sich auch nicht verliebt, sondern ihn langsam zu lieben begonnen, Schritt für Schritt, Jahr für Jahr. Erst wie einen Vater, dann wie einen Freund, dann wie einen Mann. Er hat sie entdeckt, er hat sie geformt, er hat sie beschützt. Und beides ermöglicht. Weltruhm UND Familie. Göttin UND Mutter. Die Liebe von allen UND die Liebe im Privaten. Und das tatsächlich, bis der Tod sie schied. Klar, es gab einen Dritten, aber es war nicht der Gärtner, auch nicht der Chauffeur, es war Marcello Mastroianni, und das steckte Ponti weg. Mit einem Mann wie Mastroianni betrogen zu werden tat weh, aber es beleidigte ihn nicht. Es ließ ihm sein Gesicht, und wo Gesicht gewahrt wird, kann man auch weiterhin miteinander reden, miteinander speisen, miteinander glücklich sein. Und Kinder erziehen. Und sich auf Enkel freuen. Was mir das sagt? Vielleicht, dass meine Tochter (28) sich irrt. Ich fragte sie, wie sie eine Qualitätsbeziehung definiert. Sie antwortete schnell: «Guter Sex!» Dann machte sie eine Pause und dachte offensichtlich nach. Und korrigierte sich. «Nein», sagte sie, «ungewöhnlich guter Sex!» Wir tranken daraufhin noch ein bisschen, trotzdem änderte ich meine Meinung nicht. Auch nicht den Text. Die Qualität einer großen Liebe, wie der zwischen Sophia Loren und Carlo Ponti, definiert sich nicht durch große Leidenschaft, sondern durch großen Respekt.

R

– wie Rauchen

R

– wie Rauchen

R

– wie Rauchen

R

– wie Rauchen

R

– wie Rauchen

R

– wie Rauchen

R

– wie Rauchen

R

– wie Rauchen

R

– wie Rauchen

R

– wie Rauchen

Als ich sie kennenlernte, rauchte sie doppelt so viel wie ich, und ich bringe es immerhin auf 30 Zigaretten pro Tag. Zwei Jahre später hörte sie auf. Es gibt zwei Arten von plötzlichen Nichtrauchern. Die eine hat eine Entscheidung für sich getroffen. Die andere für die ganze Welt. Das Gespräch fand am Frühstückstisch statt. «Ab sofort wird in der Wohnung nicht mehr geraucht», sagte sie. – «In welcher Wohnung?», fragte ich. «In dieser», sagte sie. – «Du meinst in UNSERER?!» – Bisher hatten wir eine demokratische Beziehung gepflegt. Aber manchmal scheint Demokratie das falsche Konzept zu sein. Beim Kampf gegen den Terrorismus zum Beispiel. Und beim Nichtraucherschutz. Die neuen Diktatoren haben gute Argumente, wir Raucher dagegen haben nur die Argumente der Sucht. Wir nennen es Genuss. Ich weiß das. Ich akzeptiere das. Sie haben ja recht. Aber ich weiß auch, dass die Grenzen zwischen recht haben und Hysterie hin und wieder fließend sind, und wer sagt denn, dass der Umgang mit Hysterikern nicht ebenso schädlich ist wie das Passivrauchen? Beim einen geht's auf die Lunge. Beim anderen auf die Nerven. Ich fragte sie deshalb, ob sie eigentlich wisse, warum ich seit 15 Jahren nicht mehr in die USA gereist bin. Und warum ich seit zwei Jahren die jugoslawische Adriaküste der italienischen vorziehe. Belgrad statt Rom. Havanna statt Miami. Zwei Wohnungen statt einer. Darauf lief es hinaus. Auch nicht schlecht. Jeder – hat – seine – Burg ist ein sehr erfolgreiches Beziehungsmodell. Aber das wollte sie natürlich nicht. Und sofort war die Demokratie wiederhergestellt. Wir suchten mehrheitsfähige Lösungen und fanden sie. Nicht geraucht wird im Salon, früher Wohnzimmer, im Flur, im Bad und natürlich in ihrem Raum. Nur in meinem Zimmer und der Küche greife ich weiterhin zur Zigarette. Die Küche war hart umkämpft, doch sie sah es ein. Sie frühstückt nicht gern allein. Außerdem gibt's rauchende Gäste. Und rauchende Kinder. Rauchende Kollegen. Rauchende Verleger. Sie alle schauen auch weiterhin gerne mal rein, zum Bier, zum Wein, zum geselligen Zusammensein. Raucherküchen sind gemütliche Küchen für diese Klientel. Natürlich hat die Küche auch Fenster. Man kann lüften, alles halb so schlimm. Und fast doppelt so gut. Denn was sind die Früchte dieses, in Nichtraucher- und Raucherzonen unterteilten, Wohnkonzepts? Die Überwindung schlimmer Süchte. Sie raucht nicht mehr, und ich sehe nicht mehr fern. Weil die Glotze im Smoke-free-Salon (früher Wohnzimmer) steht.

S

– wie Samtpfoten am Wegesrand

S

– wie Samtpfoten am Wegesrand

S

– wie Samtpfoten am Wegesrand

S

– wie Samtpfoten am Wegesrand

S

– wie Samtpfoten am Wegesrand

S

– wie Samtpfoten am Wegesrand

S

– wie Samtpfoten am Wegesrand

S

– wie Samtpfoten am Wegesrand

S

– wie Samtpfoten am Wegesrand

S

– wie Samtpfoten am Wegesrand

Wir hatten es uns beim Italiener gutgehen lassen, Bruschetta, Pasta, Wein, zwei Averna aufs Haus, vollsatt und leicht angetrunken gingen wir zum Taxistand. Auf halbem Weg machte es Miau. Meine Freundin blieb stehen. Die Katze schaute sie von unten an, und es war geschehen. Liebe auf den ersten Blick. Sie strich mit dem Schwanz um unsere Beine, und als wir sie streicheln wollten, sprang sie praktisch in die Hand. «Die nehm ich mit», sagte meine Freundin, und ich sagte: «Nee, lass das mal sein. Sie gehört wahrscheinlich zu dem Haus. Und ist nur mal kurz raus.» Ich kam darauf, weil sie so schön war. So gepflegt und so weich. Ihr Fell fühlte sich wie etwas an, das glücklich macht, wenn man darüberstreicht. Das war keine Gassen-Schnurri, das war eine Rassekatze, mehr silbern als grau, hier hatte sich das Beste aus Persien mit dem Besten von Siam gepaart. Ich ging also weiter, meine Freundin folgte mir widerstrebend, und – die Katze folgte ihr. Ein Mann kam uns entgegen. Er wohnte in dem Haus. Zur Freude meiner Freundin klärte er uns auf. Seit drei Tagen ist die Katze hier, und niemand weiß, woher sie kommt. Wem sie gehört. Er würde sie gern zu sich nehmen, aber er hat schon zwei. Wenig später saßen wir zu dritt im Taxi, meine Freundin, die Katze und ich, und das freute mich, denn ein Spruch von Oscar Wilde fiel mir ein. «In der Ehe ist man nur zu dritt nicht allein.» Im Taxi, im Flur, im Treppenhaus strahlte die Katze ebenfalls ruhige Zuversicht aus, aber sobald wir in der Wohnung waren, reagierte sie missgelaunt und ließ sich nicht mehr anfassen. Was hatte sie denn erwartet? 250 Quadratmeter? Perserteppiche? Edelstahlküche? Sie ließ sich nicht mehr streicheln, sie versteckte sich, nur wenn sie fressen wollte, wurde sie kurzfristig wieder nett. So verlief der erste Tag, Katze suchen, Sorgen machen, Tatzenhiebe wegstecken. Am zweiten Tag hatte sich was getan. Sie legte sich zwar nicht direkt neben uns, aber immerhin in ein benachbartes Sitzmöbel. So schön wie unberührbar. Und sie ließ uns nicht aus den Augen. Wieder Sorgen. Ist sie geschlagen worden? Oder ein verwöhntes Biest? Oder ist sie die Königin der Katzen, die was Besseres verdient? Am Morgen des dritten Tages wachten wir im Paradies auf. Sie lag zu unseren Füßen. Sie kuschelte. Sie schnurrte. Katzen schnurren, wenn alles in Ordnung ist. Sie hat ein neues Zuhause gefunden. Und wir sind nicht mehr allein.

T

– wie Transformation

T

– wie Transformation

T

– wie Transformation

T

– wie Transformation

T

– wie Transformation

T

– wie Transformation

T

– wie Transformation

T

– wie Transformation

T

– wie Transformation

T

– wie Transformation

Ich war auf dem Weg zu meinem Ex-Kaffeehaus in meiner Ex-Stadt (Hamburg), um dieses Kapitel zu schreiben. Ich dachte an «T – wie triebgesteuert», aber im Bus stand plötzlich meine Ex-Schwiegermutter vor mir. Jetzt habe ich ein Problem. Wie bekomme ich diese Begegnung unter den Buchstaben T? Ich weiß es noch nicht, aber wage es trotzdem. Die Begegnung war zu stark. Sie währte etwa zwei Stunden, und ich frage mich, warum ich diese Frau jemals gefürchtet habe. Sie ist ein richtiger Schatz. Und noch immer schön. Damals, als ich mit ihrer Tochter zusammen war, galt sie als schönste Frau der Stadt. Auch als stolzeste. Aber das war wohl nicht das Problem. Wir haben also zwei Stunden im Café gesessen und geredet. Das sollte man nicht als Aussprache missverstehen. Es hatte nichts davon. Denn nichts schien mehr zwischen uns zu stehen. Die Zeit heilt nicht nur Wunden. Die Zeit kann auch Wunder tun. Sie hat es (zum Beispiel) endlich geschafft, ihre Tochter loszulassen. Ich auch. Und nun? In meinem Bauch ist ein rundes, warmes Gefühl. Und in meinem Kopf sind ein paar Fragen. Warum habe ich ihr damals nicht wirklich zugehört? Dann hätte ich damals schon erfahren, dass ihr Vater Schriftsteller gewesen ist. Und viele seiner Freunde. Sie war als Kind von Schriftstellern umgeben. Das Klappern der Schreibmaschine kennt sie wie den Regen. Beides bringt Segen. Außerdem erfuhr ich soeben, dass sie dieselbe Einstellung zum Zahnarzt hat wie ich. Es kann nur einen geben. Nur deshalb ist sie, die längst ein paar tausend Kilometer woanders wohnt, gerade wieder in der Stadt. Auch ich bin hier wegen Zahnarztterminen. Und noch etwas. Nächste Woche fliegt sie nach Haus zurück. Dorthin, wo sie jetzt lebt. Im Orient. Als sie mir den Namen der Stadt nannte, war ich platt. Sie liegt auf der Route der Weltreise, zu der ich nächste Woche aufbreche. Ist das Zufall? Ist das Schicksal? Ist das Gott? Ich will mich da nicht festlegen, möglicherweise ist es auch unwichtig. Wichtig ist dagegen, dass sich Kreise schließen und aus alten Narben neue Blumen sprießen. Ich weiß, mit diesem Satz habe ich an der Grenze zum Kitsch gekratzt. Aber es passiert auch nicht alle Tage, dass natürliche Feinde zu Freunden transformieren.

U

– wie Unterbrechung

U

– wie Unterbrechung

U

– wie Unterbrechung

U

– wie Unterbrechung

U

– wie Unterbrechung

U

– wie Unterbrechung

U

– wie Unterbrechung

U

– wie Unterbrechung

U

– wie Unterbrechung

U

– wie Unterbrechung

Ich bin Reiseschriftsteller und wieder mal auf Weltreise. Drei Monate lang. Warum ich sie nicht mitnehme? Weil sie, verdammt nochmal, eine Serbin ist. Mit ihrem Pass braucht sie allein zwei Jahre für die Visa. Außerdem: Sie hat gerade einen neuen Job gefunden, ist angebunden. Außerdem: Ich wollte etwas wiederfinden. Wie soll ich dieses Etwas nennen?

Cowboy? Samurai? Seemann? Tunichtgut? Ein Mann geht allein die Straßen entlang, checkt allein in Hotels ein, trinkt allein irgendwo in der fremden Stadt. Keine Frau, keine Freunde, keine gewohnten Wege. Aber gewohnte Musik. Rock'n'Roll beschallt die Bar, Stimmen vermischen sich, Pfeile bohren sich ins Ziel (Darts), draußen laufen Menschen durch den Regen. Bahnhofsgegend. Allein. Selbst atmend, selbst denkend, selbst entscheidend. Eine kleine, aber autonome Einheit, der Rucksack und ich. Dafür reicht ein Tag nicht. Nicht eine Woche. Ich war auch schon mal einen Monat lang allein unterwegs, ohne allein zu sein.

Beziehung ist Vermischung. Beispiel Sex. Die Körper trennen sich danach. Die Seelen nicht. Gefühle, Stimmungen, Gedanken. Was ist von ihr, was von mir. Und wann hört es auf, dass ich ständig mit vier Augen sehe. Das würde sie lieben, das würde sie hassen. Und wann hört es auf, dass ich Dinge nicht tue, ihretwegen. Einige dieser Dinge sind in der Tat so, dass es besser wäre, sie zu lassen. Auch besser für mich. Trotzdem fehlt es mir, mein unvernünftiges Ich. Meine Eigenverantwortlichkeit. Meine Freiheit, durch Fehler zu lernen. Gestern Nacht regnete es, und das Bier in mir hat aus den Stimmen und Lichtern der Bahnhofsgegend etwas Romantisches gemacht. Heute scheint die Sonne, und die Romantik ist weg. Bei Licht besehen scheint die Welt weit weniger verlockend zu sein. Anders gesagt: Gestern war ich allein. Heute bin ich einsam. Warum breche ich das Experiment dann nicht ab? Weil es kein Experiment ist, sondern ein Job. Ich lebe davon. Die Trennung auf Zeit ist nur ein Nebengleis dieser Reise. So wie das Braunwerden nebensächlich für den Bademeister ist. Er soll Menschen retten. Ich soll Menschen beschreiben. Dass ich nebenbei versuche, seelisch wieder selbständig zu sein, ist mein privates Ding. Drum prüfe, wer sich ewig bindet? Ich glaube, darum geht's. Erst wenn ich wieder einmal weiß, dass ich auch allein glücklich und unglücklich, lustig und traurig, stark und schwach sein kann, erst dann macht für mich die Liebe Sinn. Weil ich mich frei für sie entscheiden kann.

V

– wie Verlieben

V

– wie Verlieben

V

– wie Verlieben

V

– wie Verlieben

V

– wie Verlieben

V

– wie Verlieben

V

– wie Verlieben

V

– wie Verlieben

V

– wie Verlieben

V

– wie Verlieben

Heute erreicht mich die Mail eines frisch Verliebten. Einerseits fand er es super, dieses sensationelle Gefühl, andererseits ging's ihm superschlecht, weil das Objekt seiner Begierde nicht so richtig mitspielen will. Ob ich da einen Tipp für ihn hätte. Klar hatte ich einen, aber leider gefiel ihm der auch nicht so recht. «Verlieben», so hatte ich ihm zurückgeschrieben, «ist eine Persönlichkeitsschwäche.» O nein, diese Meinung teilt er nicht. Würde ich auch nicht tun, wenn ich mich gerade verliebt hätte. Aber was ist es dann? Sprachwissenschaftlich ist es ein Wort mit der Vorsilbe «ver…». Das lässt nichts Gutes hoffen. Die meisten «ver»-Wörter sind negativ. Wir sagen ver-irren, ver-laufen, ver-fahren, wenn wir vom Weg abgekommen sind. Wir sagen ver-hören, wenn die Kommunikation mangelhaft gewesen ist, ver-sprechen, wenn uns die Wahrheit ungeplant entschlüpft, ver-sumpfen, wenn zu viel Geld auf ein zu hohes Angebot an alkoholischen Getränken trifft, und ver-ballern, wenn die ganze Barschaft dabei ver-schwendet wurde. Wir sagen übrigens auch ver-blöden, womit wir wieder beim ver-lieben sind.

Ich weiß, liebe Leser, Sie hassen mich jetzt. Aber Sie zu ver-stimmen ist mir lieber, als Sie zu langweilen. Denn dann ver-liere ich Sie. Trotzdem, für Sie und für mich versuche ich, die Angelegenheit jetzt mal ein bisschen positiver zu sehen. Das Gute am Ver-lieben ist, dass es nicht für ewig ist. Nicht mal für immer. In der Regel dauert so was ein halbes Jahr.

Und dann?

Dann fällt, wenn wir Gluck haben, «ver-» weg, und die Liebe beginnt. Manchmal erscheint mir der Weg, den wir in einer Beziehung gehen, mit dem Autofahren vergleichbar. In diesem Vergleich steht Verlieben für das Anlassen des Motors. Kein Autofahrer auf dieser Welt käme auf die Idee, während der Fahrt permanent den Zündschlüssel umzudrehen. Es sei denn, er hat ’ne Macke. Oder keinen Führerschein. Brauchen wir einen Fahrlehrer für Gefühle? Es sieht so aus. Die meisten Menschen, die ich kenne (mich inklusive), ver-wechseln immer wieder das Zünden mit dem Fahren. Aber das will, wie gesagt, mein Freund am anderen Ende des World Wide Web derzeit weder hören noch lesen. Was er will, ist der Rausch. Denn Schmetterlinge im Bauch zählen zu den körpereigenen Drogen (Hormone). Verlieben ist ein biochemischer Prozess. Liebe ein seelischer.

W
– wie Wohngemeinschaft

W
– wie Wohngemeinschaft
W
ie Wohngemeinschaft
W
– wie Wohngemeinschaft
W
– wie Wohngemeinschaft
W
– wie Wohngemeinschaft
W
vie Wohngemeinschaft
W
– wie Wohngemeinschaft
W
– wie Wohngemeinschaft
W
– wie Wohngemeinschaft

Ich bin nicht normal. Ich brauche EXTREM viel Freiheit. Das ist die positive Ausdrucksweise. Die negative: Ich habe Bindungsängste. Daran ist bisher jede Beziehung irgendwann gescheitert. Vor fünf Jahren wagte ich einen neuen Versuch. Und wir sind noch immer zusammen. Allerdings unter Umständen, die andere Frauen seelische Grausamkeit nennen würden. Es sei denn, sie wären so gestrickt wie ich. Also zweiteilig. Die eine Hälfte von mir will Nähe, Wärme, Zärtlichkeit, die andere nicht. Das sind zwei gleich starke Persönlichkeiten in einer Haut. Glücklicherweise sind sie selten zusammen aktiv, denn dann ginge nichts. Eine von diesen beiden Seelen, die (ach) in meiner Brust gefangen sind, schläft, wenn die andere wacht. Darin lösen sie sich ab. Im Grunde hat es meine Freundin bei mir mit zwei Männern zu tun. Deshalb haben wir zwei Wohnungen. Das kostet ein bisschen. Außerdem liegen zwischen diesen Wohnungen rund 1000 Kilometer. Das kostet noch 'n bisschen mehr. Mal reise ich zu ihr, mal sie zu mir. Weil es meine Macke ist, übernehme ich ihre Unkosten. Trotzdem: Glücklich ist sie damit nicht. Neulich probierten wir ein neues Modell. Eigentlich ein altes. Wir kennen es beide aus den Jahren, als wir noch unter 30 waren. Wir starteten den Versuch in meiner Wohnung. Das ist dein Zimmer, sagte ich, und das ist meins. Küche, Flur und Bad sind Gemeinschaftsräume. Jeder kann in seinem Zimmer tun und lassen, was er will. Auch die Tür zumachen. Die geschlossene Tür ist unbedingt zu akzeptieren. Sie sagt: Ich brauche Zeit für mich. Und wenn wirklich was Dringendes zu besprechen ist: bitte klopfen. Natürlich hat auch jedes der Zimmer einen eigenen Schreibtisch, einen eigenen Fernseher, eine eigene Musikanlage – und: ein eigenes Bett. Für einen Zweigeteilten wie mich ist das ideal. Wenn der beziehungsfähige Teil von mir erwacht, gehe ich in die Küche oder klopfe bei ihr an oder lade sie zu mir ein. Und wenn der Freiheitskämpfer übernimmt, gehe ich maximal fünf Schritte und bin allein. Und wie findet sie das? Auch fabelhaft. So, wie es mir reicht, mein autonomes Königreich zu jeder Zeit in der Nähe zu wissen, so reicht es ihr, dass ich nahe bin. Manchmal ganz nah und manchmal mit einer Wand dazwischen. Ein paar Probleme gibt es noch, aber die sind klein. Zum Beispiel, dass sie weiterhin bei mir saubermachen will. Okay, das muss sein, denn ich bin ein Schwein, aber für die zweite Stufe des Saubermachens (aufräumen!) stimmt das Gegenteil. Stichwort: kreatives Chaos. Wir haben das besprochen, sie sieht es ein, sie kann es zwar noch immer nicht lassen, aber Rom wurde auch nicht an einem Tag erbaut. Ist das Psychologie? Therapie? Ein Trick? Keine Ahnung. Ich weiß nur, dass es funktioniert. Beim Thema Zusammenwohnen schnürt sich mir die Kehle zu. Bei einer Wohngemeinschaft nicht.

X

– wie Xanthippe

X

– wie Xanthippe

X

– wie Xanthippe

X

– wie Xanthippe

X

– wie Xanthippe

X

– wie Xanthippe

X

– wie Xanthippe

X

– wie Xanthippe

X

– wie Xanthippe

X

– wie Xanthippe

X

– wie Xanthippe

Sie war, ist und wird auch in Zukunft die fleischgewordene Streitsucht sein, was nicht heißen soll, dass es nicht auch Männer gibt, die Gift und Galle spucken, sobald sie die Lippen bewegen. Aber ich kenne keinen, dessen Name mit X beginnt. Darum geht es hier um ein streitsüchtiges Weib. Süchtig nach Stress, süchtig nach Rechthaben, süchtig danach, ihren Mann einen Trottel zu schimpfen, obwohl er ein großer Philosoph des antiken Griechenlands gewesen ist. Xanthippe interessierten seine Flausen nicht. Xanthippe war Realist. Und wie behandelte der große Philosoph das Problem? Zunächst sah er darin ein Phänomen. Das des «kleinen Tyrannen». Man übt sich an ihm in solchen Tugenden wie Geduld und Schwerhörigkeit, man lernt, sich seitlich zur Schallmauer zu setzen, man praktiziert mentales Abschotten als tägliches Training, bis es nur noch eine Lärmbelästigung ist, und an so was kann man sich – vielleicht – gewöhnen. Wie an den Straßenverkehr. Wie an Baulärm. Wie an die U-Bahn, die alle paar Minuten vorbeifährt. Irgendwann stört sie – vielleicht – nicht mehr. Irgendwann wird sie zum Betriebsgeräusch der Wohnung oder der Hütte, in der sie gelebt haben, der Philosoph und seine Frau. Ja, so muss es gewesen sein, sonst hätte er es nicht ausgehalten, sonst hätte er nicht trotzdem so viel Nützliches von sich gegeben, oder vielleicht stimmt sogar das Gegenteil, und der gute Mann brauchte eine Umwelt, die ihn Tag für Tag beschimpfte, um ganz bei sich zu sein. Vielleicht war er ein Genussmensch, vielleicht hätten ihn süße, liebevolle Stimmen vom Pfad der reinen Vernunft abgebracht. Trotzdem, manchmal mag er sich gewünscht haben, er wäre allein. Mutterseelenallein. Man sagt, wenn Gott den Menschen strafen will, erhört er seine Gebete. Aus Gründen, über die ich hier nicht spekulieren will, war Xanthippe plötzlich von dannen. Oder er ist des Weges gezogen. Mit einem Segelboot. Zu einer kleinen griechischen Insel. Die paar Fischer vor Ort sprachen nicht seine Sprache, dasselbe galt für die Hunde und Ratten. Nichts und niemand störte nunmehr seine Gedanken. Und schon nach wenigen Tagen litt er unter einer Denkblockade und anderen seelischen Qualen. Naturbedingt. Der Mensch ist kein Tiger, der allein durch die Wälder streift. Es stimmt zwar, es gibt nur wenig, das nervender ist als ein streitsüchtiges Weib, aber an erster Stelle von diesem wenigen steht die Einsamkeit. Im Übrigen hat die Wissenschaft festgestellt, dass das Kommunikationszentrum im Gehirn der Frau um 20 Prozent größer ist als das des Mannes. Was er Streitsucht nennt, ist aus Xanthippes Sicht gottgewollte, neurologische Überlegenheit.

Y

– wie Yacht-Liebe

Y

– wie Yacht-Liebe

Y

– wie Yacht-Liebe

Y

– wie Yacht-Liebe

Y

– wie Yacht-Liebe

Y

– wie Yacht-Liebe

Y

– wie Yacht-Liebe

Y

– wie Yacht-Liebe

Y

– wie Yacht-Liebe

Y

– wie Yacht-Liebe

Dieses Kapitel möchte ich ausnahmsweise einer Minderheit von Lesern widmen, denn auch Yachtbesitzer haben Probleme. Und suchen Antworten auf (ihre) existenzielle(n) Fragen. Zum Beispiel diese: Egal, wie viel sie für ihre Yacht bezahlt haben, sie bekommen das Schiff niemals komplett geliefert. Etwas fehlt immer, und unglücklicherweise ist dieses Etwas das Wichtigste. Was ist ein Buch ohne Leser? Ein Taxi ohne Fahrgast? Eine Yacht ohne Bikini-Mädchen? Ein trauriges, weil sinnloses Phänomen. In keinem Hafen gern gesehen. Und es ist auch nicht so, dass diese Mädchen am Pier Schlange stehen. Da stehen nur die Hafenhuren, und die will ganz bestimmt niemand an Deck. Nicht nur, weil sie stehlen, sondern auch, weil sie selten gesellschaftsfähig sind. Die Braut mit 600 PS jenseits des Horizonts durch die Wellen zu pflügen ist das eine Vergnügen einer solchen Beziehung, mit ihr durch die exklusiven Restaurants, Bars und Discotheken des Yachthafens zu ziehen, das andere. Es reicht also nicht, im Bikini gut auszusehen. Sie muss sich auch in Prada gut bewegen und Tischsitten haben. Und etwas zu sagen. Ein schöner Mund, aus dem strohdummes oder ordinäres Gebrabbel kommt, verliert schlagartig jede Anziehungskraft. Gute Figur, gute Frisur, gutes Gesicht, gute Haltung, gute Allgemeinbildung, dreisprachig und trinkfest, wenn's geht. Das sind so im Groben die Ansprüche, die ein Yachtbesitzer stellt. Das geht ins Geld. Paris Hilton für ein Wochenende zu mieten kostet fast so viel wie die Yacht selbst. Wer den Ball flachhalten will (und hier kommt mein Tipp), muss sich in Mailand umsehen. Die Stadt am Po ist das Mekka der Models aus aller Welt. Also genau des Berufstands, der alles mitbringt für ein Leben an Deck. Auch die Zeit dafür. Nur ein Bruchteil von ihnen ist auf dem Laufsteg ausgebucht. Die überwältigende Mehrheit verdient sich gern noch ein Taschengeld dazu. So um die 1000 Euro pro Tag, plus Vollpension. Und nochmal, damit wir uns nicht missverstehen: Es sind Models, keine Prostituierten. Der Unterschied: Models schlafen nicht mit den Yachtbesitzern. Sie tun nur so.

Z

– wie Zuhause

Z

– wie Zuhause

Z

– wie Zuhause

Z

– wie Zuhause

Z

– wie Zuhause

Z

– wie Zuhause

Z

– wie Zuhause

Z

– wie Zuhause

Z

– wie Zuhause

Z

– wie Zuhause

Lady Boys gehen vorbei, auch echte Ladys. Über mir der Sky-Train, von rechts schallt Musik, romantisch, kitschig, Thai. Es wird dunkel, aber es ist noch immer so um die 39 Grad, feucht, heiß, verlockend das Klima, versöhnend das Lächeln, auch manchmal verlogen, den Unterschied kriegt unsereins kaum mit. Die Nacht kann alles bringen oder auch nichts, und während ich an der Straße sitze, weil die Straße mein Leben ist, denke ich an zu Hause. Wo das ist? Glücklicherweise ist das eine einfache Frage. Zu Hause ist, wo man mich liebt, wo man mich vermisst, wo meine Freundin ist. Sie zieht gerade um und macht das für mich mit. Das war unser Deal. Ich gehe auf die Reise, um für uns Geld zu verdienen, sie schafft uns ein neues Heim. An dessen Mauern die Welt zurückprallt, in dessen Sofa der Kampf versinkt, in dessen Küche die Liebe durch den Magen geht. Und nur eines zählt. Du und ich. Ohne ein Zuhause macht Unterwegssein keinen Sinn. Ohne Wurzeln spielt kein Blatt mit dem Wind. 15 000 Kilometer von ihr entfernt verstehe ich, was mir diese Beziehung bringt. Wofür sie da ist. Was sie so wertvoll macht. Sex? Schön und gut. Gespräche? Sie ist hochintelligent. Zärtlichkeit? Auch sehr wichtig. Wie der Bauch in regelmäßigen Abständen gefüllt werden will, braucht es die Haut, gestreichelt zu werden. Es ist wie Nahrung für sie. All das ist wichtig und richtig. Aber: Eben habe ich mich massieren lassen. Und die Haut ist zufrieden. Eben habe ich einen alten Freund getroffen und wunderbar mit ihm gesprochen. Und der Geist ist satt. Ich könnte auch gleich zu einem Thai-Mädchen gehen und wäre alsbald sexuell befriedigt. Nur, ein Zuhause bietet all das nicht. Wie heißt eines der großen Lieder der Rolling Stones? «2000 light years away from a fuck»? Nein. «2000 light years away from a talk»? Nein. «2000 light years away from a massage»? Nein. Wir wissen, wie es heißt. Wir wissen, wonach man sich unterwegs sehnt. Was reimt sich auf «alone»? Ganz klar. «I am 2000 light years away from home.»